100万円からできる

「地方・ボロボロ一戸建て」超高利回り不動産投資法

黒崎裕之
Hiroyuki Kurosaki

日本実業出版社

はじめに

本書では、総合不動産会社で経験を積んだプロとして、一方で超高利回り物件に特化した個人投資家としての私の経験をもとに、不動産投資で成功するノウハウをお伝えします。

ここ数年のサラリーマン大家による不動産投資ブームで、物件は高騰してきました。それにもかかわらず、２０１５年の相続税改正の影響を受けて、新築アパート・マンションはどんどん建築されています。加えていえば、昨年の秋ごろから勃発した都内新築シェアハウスのサブリース家賃未払い問題もあり、銀行審査への不正も指摘されています。こうした事態を含めると、融資状況は厳しくなる一方なのです。

物件は高いのに融資は厳しく、それでいてライバル物件はたくさん存在する……。このような**「不動産投資三重苦」ともいえる時代のなかで、どのように不動産投資を進めていけばいいのか。その答えが本書にはあります。**

これから、私が不動産業界17年の経験から培ってきたノウハウを、出し惜しみなく紹介します。本書で紹介するものは、「地方の、しかも人気のないボロ物件で収益を上げる方法」です。私の手法は、これまでの不動産投資法とはまったくやり方が異なります。

地方は借り手がいないように感じられますが、パイが少ない分、競争相手も少ないという大きなメリットがあります。また、ライバルは高齢者の地主など、戦略を立てれば勝てる相手ばかりです。**公共の金融機関を利用して安く買い、空室を埋めさえすれば、利回り30％超えを達成することも可能なのです。**

私がこの手法にたどり着いたのは、そもそも実家の不動産トラブルを経験してきたからです。本書で紹介する手法の根幹になったのが、私の生い立ちにあります。ここで、少しそのお話をしていきたいと思います。

私の実家はもともと農家でした。祖父は農家をしながら大工の棟梁となりました。そこで蓄財したお金をどう活かすかを考えたときに、不動産投資という選択肢を見つけたそうです。そのため、私が生まれたときには、すでにアパートや土地を持っている状況でした。実家の不動産規模は、最盛期で10億円はあったようですが、そこまでの規模であることを私はまったく知りませんでした。

私は18歳のときに大学進学で上京し、在学中に宅地建物取引士と管理業務主任者の資格を取得しました。就職活動では資格を活かせる不動産業界を受け、とある大手総合不動産会社に入社することができました。もともとは最大手志望だったのですが、結果としてはこの会社に入社して大正解だったのです。

まず、新人研修の課題図書で読んだ、『金持ち父さん貧乏父さん』（ロバート・キヨサキ著／白根美保子訳／筑摩書房）で、モノの考え方が180度変わりました。この本は会社員になることを否定し、不動産投資による不労所得をすすめていたからです。この本を読んで私は、「この会社に入って思いっきり不動産のことを勉強してやろう！」と決意しました（新入社員にこの本をすすめた人事担当者は、内容を深く理解していないなと思いました）。

そこからは、8つの職種を経験することになります。経理、分譲マンションの営業、ファンド向けの売買仲介、名古屋でのアパート立ち退き交渉、戸建てアパート、分譲マンションの用地の仕入れ、ビル事業などです。

現在、私は都内の駅に直結した商業ビルの統括管理運営業務を担当しています。業務内容は、担当するビルの収益の管理で「ＰＭ（プロパティマネジメント）事業」といいます。ビルオーナーの観点からも不動産をとらえるのがアセットマネジメントといいますが、この事業部では主にＰＭ、そして私はＢＭ（ビルマネジメント）の一部も担っています。

振り返れば、どの職種も、個人投資家として大家業をはじめるときの礎になったといえます。とくにビル事業での経験は、不動産の管理運営に非常に役に立っています。


そんな私が不動産投資を知ったのは実家のトラブルがきっかけです。私が社会人６年目のときに祖父が亡くなったのですが、相続税が払えなくなり、実家の家計が崩壊しました。当時、利息は月１０００万円を超えていました。１億４０００万～６０００万円に対しての延滞税です。その後も父は国からの請求を無視し続けたので、所有していた不動産を差しおさえられ、一括請求になりました。

この後、順次物件を売却していき、実家の問題は3年くらいで落ち着きましたが、結果として10億円分の資産を失うことになったのです。家のことをもっと把握し、早いうちから勉強をしていれば、10億円もの大金を失うことはなかったと後悔しました。宅建も持っていたのだし、何より私は不動産会社に勤務するプロです。もっと手の打ちようがあったのではと、当時は激しく自分を責めました。

実家の問題が落ち着いてきたころ、私は不動産営業でそれなりの成果を挙げていましたが、このまま会社員を続けることに対して疑問を持っていました。不動産投資の世界は「知らないやつが悪い」というもので、だまし合いの連続です。相手にだまされないために、すべての情報を疑う必要があります。実家のトラブルや自分が日々、職場で目にする現実から、無知における損失は大きいと感じ、徐々に不動産投資のマインドが養われました。

もちろん、会社員であれば言いわけができます。「会社のせい」「クライアントのせい」「上司のせい」など、何かの「せい」にできるのです。しかし、事業者の場合、すべての責任は自分でとらなくてはいけません。そうこうする内に、徐々に自分のなかのサラリーマン思考が薄れていきました。

そんな流れもあって、私は会社員をしながら不動産投資家になりました。

現在所有している不動産の規模は、木造、軽量、重量鉄骨造のアパート、区分マンション・戸建てで、合計10棟2室約50部屋となり、不動産収入からローンを引いた残りの金額は約１３００万円です。

不動産会社での業務の経験から、「高利回りの築古物件で運用すること」が一番低

リスクで確実な手法だと感じ、それを徹底的に実践を重ねながら、勉強を続けていった結果です。

これから、私が総合不動産会社の社員として、そして実際に自分で実践する現役の個人投資家として、経験から培ってきた間違いのない手法である「自己資金100万円からスタートできる、地方の、しかも人気のないボロ物件で収益を上げる方法」を紹介していきます。

私がお伝えするやり方は、低リスクでスタートでき、地道に続けていけば、必ず結果がついてくるものです。ぜひ、わくわくしながらこの先を読み進めてください。

100万円からできる「地方・ボロボロ一戸建て」超高利回り不動産投資法◉もくじ

第1章　都心部の不動産投資はもう儲からない！　17

第2章 今、狙うべきは地方の穴場エリア！ 39

第4章

成功する投資家は知っている「賃料が値崩れしない優良エリア」

第7章
こんなときどうする!? 不動産投資の実践に役立つQ&A集 —— 205

カバーデザイン／冨澤崇（EBranch）
本文DTP／一企画
編集協力／布施ゆき

第1章

都心部の不動産投資はもう儲からない！

上がりきった不動産バブル、今買うのは損確実！

数年前からはじまった不動産投資ブームで入居者競争が激化し、家賃が暴落しているエリア・物件が増えてきています。

大きなきっかけとなったのは、2015年の相続税法改正でしょう。地方を中心にアパート建設のラッシュが続いており、今でも新築アパートの建築は後を絶ちません。最近では、神奈川県の新築物件でも半年経っても埋まらないという話をよく耳にします。こうしたものの多くは、15㎡ほどの狭小かつ坂の上で、駅から徒歩10分以上の物件です。

とくに新築物件は問題です。相続税の評価減を狙った地主に向けて、不動産会社の営業マンが売り出しに動いた結果、明らかな供給過多が見られるのです。そこまで需要があるようには思えない田舎の県道沿いに、たくさんのハウスメーカー製のアパートが建ち並んでいますが、そのほとんどの大家さんが私の父のように賃貸経営を理解していないと思われます。

そもそも供給戸数が増えても、住む人の数が増えるわけではありません。むしろ人口減少が加速している日本では、立地が悪いところに住もうとする人は減っていくはずです。

一方、サラリーマン投資家も、アベノミクス以降、とくに日本銀行の政策である「量的・質的緩和」「マイナス金利政策」によって融資が受けやすくなった状況もあり、ここ数年で不動産投資に新規参入する人が増えてきました。ただ、2017年4月ごろから融資の引き締めがはじまっているのも事実です。とくに今年に入ってからは、都内新築シェアハウス投資でのサブリース家賃の支払い停止など、さまざまな問題が出はじめています。

いずれにしても、購入できるプレイヤーの数が減少すると、利回りは少しずつ上昇していきます。つまり、物件価格が低くなっていき、これから融資が出にくくなれば買える人は減るので、より物件価格が下がり、お買得物件も増えることでしょう。それでも、まだまだ不動産を買いたいというサラリーマン投資家はたくさんいるので、物件の高値水準が続くと想定されます。

現段階での多くの不動産投資家の購入のパターンとしては、地主が相続税対策で建てた物件を相続税の支払いに追われて手放すことになり、それを都会のサラリーマンが買っていることが多いように感じます。もしくは、サラリーマン投資家が、5〜10年前くらいまでの安いタイミングに購入した物件の利益を確定するために売りに出し、それをまた新たなサラリーマン投資家が買うというパターンです。

いずれにしても、私がこの本を書いている2018年3月時点では、安くていい物件がたくさん出まわっている市況ではないため、慎重に物件を選んでいく必要があります。

2010年ごろと、これだけ変わった不動産投資

サラリーマン投資家が増えている一番の理由は、金利政策による融資の緩和です。

そして、数多くの不動産投資に関する書籍が出版されたことや、「大家コミュニティ」

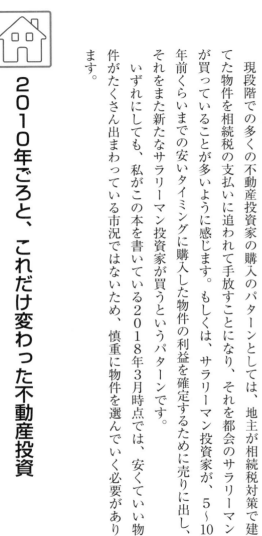

が増えたことで投資家の横のつながりが強くなり、不動産投資が身近になったことも大きいと思います。メディアが将来の不安を煽って、サラリーマンの副業意識に火を付けているのも特徴です。融資という参入障壁が低くなったことにビジネスチャンスを見出した不動産業者が増えたことも、大きな要因でしょう。

不動産会社といえば、昔は普通にマイホーム向けの戸建てを販売している会社や、大手を中心に区分の新築のファミリー向けマンション、ワンルームマンション売買を専門に扱う会社が一般的でした。しかし、最近は投資の収益を専門とする不動産仲介会社が増えています。それも、地方1棟物件を専門に取り扱う会社もあれば、新築アパート専門、都心の区分マンション専門など、物件の種別やエリアごとに細分化されてきています（物件を購入するときや売却するときの会社を「仲介会社」、物件の管理運営をお願いするときの会社を「管理会社」などといいます）。

ただ、売り方は「利回り至上主義」の会社が多く、できるだけ多くの投資家を囲い込めるよう「お金を使わないではじめられる」ということを強く押し出しています。

私が不動産投資をはじめた2010年ごろは、自己資金が多いか、情報を持っているか、属性がいいか、もしくはすでに不動産を所有しているなど、何かしらの好条件がなければ不動産投資をはじめることはできませんでした。例えば、「不動産全般に関する知識を持っている」「親が金持ちである」「一部上場企業に勤めている」「低属性といわれる非正規社員だったとしても１０００万円の貯金がある」などです。同じ投資でも、株式投資やＦＸと違い、不動産投資の参入障壁はとても高かったのです。

それが最近では、「企業に勤めている」人であれば、何かしらの不動産が買えるという状況になってきています。前述した通り、２０１７年4月以降は融資が引き締められているものの、**高属性であれば低金利かつ銀行の融資エリアを超えて銀行はお金を貸してくれます。**つまり、２０１０年ごろと比較すると、圧倒的に間口が広がっているのです。

流されやすい人はだまされる

たしかに、２００５~２０１０年くらいにも不動産投資関連の書籍はいくつかありましたが、やはりニッチな分野で、内容も難しいものでした。何より、融資先を自分で切り拓かなければいけないのが高いハードルになっていました。融資、あるいは売却について書かれた本は少なかったと思います。

それがアベノミクス以降、市況が変わったことで、不動産関連の書籍にも「融資戦略」「出口戦略」という言葉が当たり前のように出てくるようになりました。

こうして参入障壁が下がったことで、成功者の数も増えていきました。しかし一方で、だまされて失敗する被害者の数も比例して増えているのです。

融資が厳しくなった昨今でも、「資産を持っている」「属性がいい」「すでに不動産投資をはじめていて実績がある」という人ならまだまだ買える状況なので、被害者の数が減っているわけではありません。

以前から新築区分のワンルームマンション投資は利益が薄く、下手をすれば埋まっていても、毎月利益どころか数千円ずつ赤字になるような投資案件なのですが、今でも健在です。医師や士業、高属性のサラリーマン向けに「節税対策」と評して、都内の新築・築浅区分ワンルームマンションを販売する業者もいます。池袋や新宿などのターミナル駅のそばにある喫茶店で、そうした営業マンがサラリーマンを口説いているのはよく見られる光景です。

ほかにも、サラリーマン投資家に対して、融資アレンジ付き・オーバーローンで物件を提供しているようなケースでは、投資家たちが明らかに高値づかみをしてしまっていることが多いです。

多くの日本人の悪い癖は、「流行っている」ことを絶対的な基準としてしまうことです。仮想通貨のビットコインもそうですが、「みんな儲かっているらしい」ということがわかると、何も勉強せず、契約書もろくに読まず、紹介者にいわれるがまま信頼して購入してしまうのですが、それでうまくいくわけがありません。

私は総合不動産会社に勤めているので業界の内情はよくわかっていますが、ウソで塗り固められた情報が多いのも事実なのです。

不動産業者を安易に信用してはいけない

考えてみてください。そんなにいい物件なら、それをすすめてくる営業マン（会社）が買えばいいのです。でも買っていない。つまり、**「知識がなさそうな人に儲からない物件を売りつけて、仲介手数料をもらいたい」と思っている営業マンが少なからず**

いるのです。

実際、不動産会社に勤めている営業マンといっても、保有している知識や経験は、本当にピンキリです。例えば、ビルの管理をやってきた人、マイホームを売ってきた人のなかには、収益不動産のことがわからない人も多くいます。同じ不動産会社の営業マンでも、私のように業界内で8つの業務を経験した人は、圧倒的少数派なのです。

そもそも、「収益不動産専門」という言葉は、ここ3~4年で爆発的に使われるようになりました。10年くらい前から謳《うた》っている業者もあるにはありましたが、ごく少数です。

最近の業者には、若くてガッツがある社員が多いです。わかりやすくいえば、トップを含めて「イケイケ感」があります。ただ、多くはカリスマ的な社長の経営手腕でのし上がってきた会社が多く、全社員が十分な知識を持っているわけではありません。「融資が組めるからこの価格で売ってきて」と上から指示を受け、そのまま何も考えずに販売している営業マンは少なくありません。

私が売買仲介部門にいたときも、「表面利回りがこれだけある」くらいしかわからない社員も普通にいました。

実需向けの不動産の取引であれば詳しいと思うのですが、不動産投資の話になるとついていけない営業マンはかなりいるのではないかと思います。少なくとも、収益物件を扱う不動産会社で10年以上の経験があるならばともかく、ここ数年内に参入してきた業者は知識も実績もないようなケースが見られます。そうした会社を相手にすると、経験豊富な投資家からすると、不満に思ったり疑問を抱いたりすることが少なからずあると思います。しかし、**経験のない投資初心者は、相手がそういったレベルの低い営業マンであったとしても、そのまま信頼して購入し、結果として失敗してしまうのです。**

実際、収益物件の取り扱いに慣れていない営業マンにとって、レントロール（入居者の一覧表）などの添付資料をそろえるのは非常に手間で、不備があることも多いです。重要事項の説明でも、仲介する不動産会社にノウハウがなければトラブルのもとです。大きなミスでいうと、浄化槽の物件を下水道完備と記載して売買仲介した会社もあります。売主の勘違いだったのですが、本来これは仲介会社が調査すべきことです。

とくに1棟の収益物件は、マイホームや区分マンションの仲介の調査よりも調査項目が多くなります。彼らは戸建てや区分を売るノウハウしかないので、アパート1棟となったときに、不備が起きやすいわけです。

不動産業者があっせんするグレーな融資戦略

収益専門の不動産会社が増えたことによって、グレーな融資戦略も珍しくなくなりました。金融機関に借入状況を隠す「1物件1法人スキーム」や、通帳のゼロを増やすような「エビデンス改ざん」などです。後者のなかには、投資家の定期預金にあたかもたくさんの資産があるように見せかける悪質な方法もあります。

同時決済で借金の履歴を見せないという手法もあります。1億円の物件を2つ決済して、片方は代理契約にしておくと、金融機関はお互いに見抜くことが難しくなります。買ったあとに、はじめて気付くわけです。

そこまでいかずとも、特定の金融機関しか融資が引けない物件もあるので、その銀行の評価に合わせて紹介する業者もいます。ただ、そういった物件を買ってしまうと、売るときに困ります。例えば、今問題になっている新築シェアハウスの場合は、家賃の未払いや空室も問題になっていますが、そもそもシェアハウスは「寄宿舎」であり、アパートのような「共同住宅」ではありません。もともと「寄宿舎」には融資が付きにくいため、いざ売却しようとしても買主が見つからないという話をよく聞きます。

しかも今の潮流としては、借りられる限度額まで、できるだけ長い期間で借りるというのがスタンダードです。そうしないと、キャッシュフローが出ないからです。

ところが、融資期間を伸ばせば伸ばすほど残債は減っていきません。仮に購入から5年が経って売りたくなったとしても、残債が減っておらず、借りた金額とほぼ同じ額が残っていて、物件を売却しても残債が残ってしまう……ということになりかねません。つまり5年後には家賃も下落していて、購入時と同じ利回りで売ることができず、自分がイメージしていたものとはまったく違う姿に変わっているのです。

「0円で買える!」はリスクの裏返しでもある

2015年ぐらいから、購入すると破産するほどの赤字を負う可能性のある物件が普通に売り出されるようになりました。

その背景には、「現金を1円も使わずに買える」ことが大きな要因になっています。投資の収益専門の不動産業者と話をしていると、「できるだけお金を使いたくない」「そもそもあまりお金を持っていない」という顧客が圧倒的に多いと聞きます。

たしかに、現金を貯めるのは大変ですし、将来のためにためておきたいという気持ちもわかります。また、〝現金を使わない信仰〟に拍車をかけているのは、それで成功している不動産投資の先駆者の存在があります。お金を使わず、わずか数年で規模を大きくしたという話を鵜呑《うの》みにして、「自分も同じように高速で億の資産を築きたい！」という人が増えています。

ところが、そういった**短期間で規模を拡大する投資戦略は、「資産上」はすごそうに思えますが、実は儲かっておらず、キャッシュフローもあまり出ていないケースがあったりします。**「1円も使わずに資産○億円」というフレーズは、聞こえはいいですが、楽して買った分、失敗する可能性は高いという上級者向けの投資手法です。

もちろん、成功している投資家もいます。いいタイミングで購入して、金利も途中でレートダウンや借換えを行ない、高収益に変えている人などです。

つまり、時間をかけて勉強をして、圧倒的な行動力でメガ大家、ギガ大家になった人がいる一方、勉強をせず、業者探しも1～2物件の行動量しかないため、不動産会社にだまされて損をする人もいるという、まさに不動産投資家の二極化が進んでいるのです。

賢い投資家は、「0円で買いたい」というニーズが広がっている状況を見て、買いではなく売りに転じています。不動産投資で利益が確定するのは売却時ですし、規模を拡大するには高値で売却してキャッシュを作る必要があります。それを勝者たちは知っているのです。

私もある物件を相場の3倍で売却したことがありますが、情報とコネクションがあれば、それくらいの高値での売却も不可能ではありません。

誠実そうな営業マンほど信用するな！

区分、アパート、地方、都心……多くの投資法が出ており、それぞれの投資家が「自分はこれで儲かったから、このスタイルが正しい！」と声高に主張しています。

しかし、絶対的な正解は存在しません。とくに不動産投資の場合、勤め先や年収、資産背景など、個別の事情、そして市況が大きく結果を左右します。「あの人ができたから自分もできるはず。同じように儲かるはず」と考えるのは危険です。

成功する人は、時代の空気を読み取り、マニュアルを信じず、普通とは逆のことができる人です。**私は、2019年は不動産投資で失敗する人が大量に顕在化すると予想しています。ですから、この本を読んでいるみなさんも、甘言にだけは注意してください。**

とくに、人を見た目や仕草で信じてしまう人は危険です。一見さわやかで誠実そうに見える営業マンでも、実際にはとんでもない悪質な仕事をして、顧客をだます人が少なからず存在します。だまされるタイプは、医者など高属性の人が多い傾向にあるようです。

新築区分マンションの営業マンは、顧客にずっと電話をかけ続けて、相場より1000万円くらい高い物件を売っている人もいるなど、精神的にタフな人が多いです。そういう人にいわせると、頭金0円で高金利の1棟マンションを販売するのは、とても簡単とのことです。1物件1法人スキームも使えるので、なおさら高属性を口説きやすいのです。おそらく、彼らの頭のなかは、投資家の今後のことはあまり考えておらず、自分に与えられたひとつの業務として淡々と仕事をしているという感覚なのでしょう。

ですから、不動産会社の営業マンの8割は信用してはいけないと私は思っています。私が不動産業界で長年働いていた経験からいえるのは、**態度がよくて礼儀正しい営業マンほど注意してほしい**ということです。逆に、欲望に忠実そうで、一見チャラチャラしているタイプのほうが、口は悪いかもしれませんが案外信用できます。

不動産の営業は、コミュニケーションビジネスです。営業マン本人にノウハウがなかったり、宅建を持っていなかったりしても、顧客と信頼関係を築くことさえできれば、あとはほかの社員が補ってくれるのです。宅建に関していえば、トップ営業マンが持っていないことはよくある話です。私が購入したときの不動産会社の担当で、宅建を持っている人は3割程度でした。

知れば知るほど恐ろしい不動産業界

もっと恐ろしい話をすると、この業界で投資家、従事者で自殺した人を私は何人か知っています。だまされて物件を買ってしまい赤字になってしまった、リーマンショック時に経営していた不動産会社の業績が悪化してしまい、物件を売却しようとしたけれど安値でしか売れなかった……などで自殺にまで至ってしまったのです。

昨年、大手ハウスメーカーが地面師（土地や建物の持ち主が知らないうちに本人になりすまして不動産を勝手に転売して代金をだまし取ったり、担保に入れて金を借りたりする詐欺グループ）にだまされたというニュースがありましたが、あれだけの大手会社でもウソを見抜くのが非常に難しいというのが不動産業界の特徴です。海外不動産も同様ですが、かなり優秀な頭脳を持った人たちが逃げ切る仕組みを作ってから販売しているケースもあるため、そうした罠にはまってしまうとまず勝てません。実際、海外不動産投資で儲かっている人は少ないといいます。

海外不動産の場合、さまざまな人が関係してくるので、販売手数料で大きく稼いでいると考えられます。仮想通貨も同様ですが、手数料をもらっている人たちが安全に安定的に儲かっていることが多いように見受けられます。

ただ、日本でもそれは大なり小なり同じ状況です。不動産コンサルタントが売買仲介会社にお客さんを紹介し、成約するとキックバックが入る仕組みになっていたりすることもあります。有名投資家が、実は裏で業者とつながっていて、コンサルフィーをもらうために、あまり儲からないとわかっている物件をお客さんにすすめているというケースもあるようです。

これは裏でやり取りされていて可視化されていないため、当然私たちが気付くのは難しいです。そのため、例えば**「本も出している有名な人が紹介してくれた物件だから大丈夫だ」などと安易に考えてはいけない**ということです。

正直、私は10年後にも残っている不動産会社は少数だと思っています。とくに2018年からは、投資家の融資だけでなく、業者向けのプロジェクト融資も引き締めが強くなってくるようなので、資金調達ができず、経営難の会社も出てくるのではないでしょうか。

不動産業界には詐欺師が多い!?

不動産の世界には詐欺師も少なからず存在します。それというのも、高額な不動産で取引が成立することで、入ってくる手数料収入が大きいからです。だからこそ、詐欺師が不動産業界に集まりやすいということがあるようです。

さらに、欧米諸国とは違い、日本の不動産業界は何も資格を持たない人でも活動することができます。契約や重要事項説明書については、宅地建物取引士が行なわなくてはいけませんが、その部分だけを有資格者にやらせればこと足りてしまう仕組みなのです。

例えば、資産を持つ高属性の医師に、儲からない割高の新築区分マンションを10戸買ってもらえば、あっという間にお金が稼げます。そんな上客が何人かいたら、1億や2億を稼ぐことは簡単なのです。「まさか……」と思った方は、Ａｍａｚｏｎで本を検索してみてください。医師に向けた不動産投資本がたくさん発売されています。

それらのすべてがダメとはいいませんが、割高な新築ワンルームマンションや、高金利で低利回りという儲からない一棟物件販売を紹介しているものがほとんどです。

不動産会社のトップセールスマンは、見た目はもちろん、ボディランゲージや話し方を整えて現れます。人の心をつかむのがとても上手です。不動産投資をはじめようとすると、ついつい物件を見てしまいますが、物件を見るのではなく、まずは人を見てください。

いずれにしても、トップセールスマンは貧乏人を相手にしません。少額の戸建てや小規模のアパートでだましてくる営業マンは少ないです。理由は手間の割に儲からないからです。ですから、**「まずは小さな物件を購入して、そこで不動産に慣れていこう！」**というのが私の考え方です。

経験を積んでいけば、その情報が本当かウソかどうか、詐欺師がつくウソがすぐにわかるようになります。また、詐欺師の多くは自分で物件を持っていません。それを目安にすれば、詐欺師とまではいかなくても、投資家を食い物にするような悪質な不動産コンサルタントや業者の餌食にならないでしょう。

そもそも、**不動産投資の業界にいるにもかかわらず、物件を所有していない人のい**

うことは聞く必要がありません。自身が経験していないのに、どうして人にアドバイスができるのでしょうか？　不動産投資では、少なくとも数百万円、数千万円や1億円を超える物件も珍しくありません。身銭を切る、または大きな借金をする……こうした経験なくして不動産投資は行なえないのです。自分自身は不動産の購入のためにお金を使ったことがないのに、不動産のコンサルタントをしているような人に、お金の重みはわかりません。

そして、不動産業界にはお金を持ったカモが集まることもあり、営業マンにとっては美味しい狩場となるのです。資産のある人は、彼らのカモにならないよう一生懸命勉強し、知識をつけてください。

とはいえ、仲介業者に限っていえば、良心的でない会社や、性格的にどうかと思う営業マンであっても、いい物件情報を持っていたりします。なぜかというと、売主から買い叩くことができるからです。

つまり、この場合でいうと、この業者は売主にとっては悪い業者ですが、買主にとってはいい業者になるわけです。これが自分の物件を売ってもらうときになれば、その逆の業者でないといけないのです。つまり、自分の立場によっては、相手がいい業者にもなる存在だということを理解しておくことが大切です。

第2章

今、狙うべきは地方の穴場エリア！

「地方は借り手がいない」はウソ

第1章では、不動産業界の闇をお伝えするとともに、悪徳業者や利己的な不動産コンサルタントにだまされないための心構えをお話ししました。本章では、そんな状況のなかで、具体的にどう動いていくべきなのか、私の考えを紹介していきます。

結論からいうと、**今狙うべきは「地方の穴場エリア」**です。

こういうと、大半の人は「これからの時代、人口減少が少ないエリアを選ぶべきなのでは？」「地方の穴場でも賃貸需要はあるの？」という疑問を持つかと思います。

ただ、都心だと金額は高いですし、競争が激化しています。プロの投資家が物件を狙っていることも多いので、勝つために相当な努力をしなければなりません。

そもそも、これはエリアに関係なく不動産投資で成功するための基本原則なのですが、「安く買うこと」がもっとも重要です。**相場より割安で買えていれば、ほぼ失敗はあり得ません。**逆にいうと、買った時点で勝敗が決まっているといっても過言ではないのです。

都心では、割安な物件を探すのが非常に難しいです。当たり前ですが、もっとも地価が高いエリアで、おいそれと個人投資家が購入できるような物件はありません。小ロットであっても3000万~5000万円程度、1棟マンションに至っては東京都下であっても億を超えます。

たとえ古い戸建てや小ぶりなアパートであっても、再建築不可や借地権、建ぺい率・容積率オーバーといった違法物件も多く、物件売却の難易度が多少はあるので、やはり初心者には手が出しにくいものが多いです。いくら安いといっても、都内ではこうしたワケあり物件でさえも数千万円はするものばかりなのです。

また、東京には仲介会社が多くあります。不動産の仲介業務は、不動産の金額が高いほど手数料で儲けられます。仲介会社は、同じ労力をかけるにしても、できるだけ高額な物件を扱いたいと思っています。同じ価格でも、地方の田舎の1万㎡が、都心だと50~100㎡というイメージです。都心で5000万円といえば、家族でギリギリ住めるくらいの中古区分マンションが買えるイメージですが、地方だと中古1棟マンションが買えたりします。

私は田舎育ちで、かつ実家の問題があったのでよくわかるのですが、広大な土地を扱うと、その分だけ役所に行って調べる手間が膨大で、売買に必要な重要事項説明書の作成も大変です。しかも単価が安いので、業者にとっては旨味が少ないわけです。

一方、都心であれば、とくに区分マンションは戸数が多く、売買事例も多いため、社内で過去に扱ったケースが多くあります。すでに調査ずみであり、重要事項説明書を作るのも非常に簡単です。また、高属性の人が多く、購入希望者も見つけやすいのです。

「安く買う・安く貸す」が勝利の方程式

プロの投資家と素人の違いは、数字で判断するか、イメージで判断するかの違いです。プロは必ず数字を読んで論理的に考えますが、素人は「人が多そう」「人気がありそう」などとイメージだけで決断してしまうのです。

ある投資家兼経営者から聞いた話です。その人は、千葉・埼玉・神奈川の郡部を買うくらいならば、地方のある程度機能しているエリアで買ったほうが、圧倒的に賃貸ニーズがあるといいます。しかし、千葉・埼玉・神奈川は1都3県に入るので、地方に比べて安心感があるため、投資エリアに選ぶ人が多いそうです。たしかに、そのようにイメージだけで投資エリアを決めている人は多いように思えます。

少し話が逸《そ》れましたが、**数字を読めるようになると、人気のある・なしではなく、そのエリアに入居者がいるか、さらには次に買ってくれる人がいるか、という視点で考えるようになります。**

勘違いしている人が多いのですが、家賃収入と支出の差額であるキャッシュフローは〝おまけ〟にすぎません。買ったらそれで終わりと考えている人があまりに多いのですが、不動産投資では売却したときにはじめて事業が儲かったかどうかがわかります。

例えば、年間100万円のキャッシュフローが出ている物件を5年後に売ろうとします。5年間で計500万円が手に入ったわけですが、物件を売ろうとしたときに購入時よりも1000万円下げなければならなかったら、その投資は500万円損をしたということです。今後こうした状況に陥る人が急増すると私は予想します。ですから、不動産会社に賃貸需要をヒアリングなどで確認するのはもちろん、次の買い手がいる物件なのかも十分に検討するようにしてください。

私が購入した最初の物件は、千葉県のとある市にありますが、千葉とはいえ、のんびりした郊外の街です。ノウハウを学ぶより、買いながら学んでいこうという意図から購入しましたが、それでも利回りは30％でした（ただ、この本でこれからお伝えしていく、**「賃料を地域最安値」**というところにはこだわりましたが）。

そして、地域最安値で募集をかけたところ、しっかりと借り手が付きました。みんなが知らないような郊外の街、たとえ地方都市であっても、しっかり入居者が付いて、その後に売却できればいいのです。お金に色はないというように、都心で稼いだお金も地方で稼いだお金も、お金はお金なのです。

300万円以内で、利回り20％以上の物件を選ぶ

私の売却の考え方は、「回収できればいい」というものです。利回り20％の物件であれば、5年で回収できるわけです。たとえ田舎でも、相場1000万円の物件を5

00万円で市場に出したら売れるわけですし、場合によっては更地にして土地を売るという選択もあります。

それゆえ、**私が提唱している投資法の要諦は、「売ることを意識して買う」ということです。**利回りが30％なら4年、15％なら7年持つことを最初から決めておくのです。そうすれば、土地の値段さえ聞いておけば、あとは売却について、すでに購入金額を回収しているので、損するのではないかと憂慮しなくてもいいのです。

ポイントは、そこにアパートを再建築する前提で考えてはいけません。今、相続税対策で新築アパートが乱立しています。私が投資しているエリアでもかなりの数が建っています。しかし、今後は供給過多で賃料相場は劇的に下がっていくでしょう。

私が所有している物件になぜ空室がないかというと、地域最安値で貸しているからです。圧倒的に安いのです。しかし、それができるのも、そもそも割安で購入しているからなのです。相場で買っていたら、こんなことはできません。

ただ、これは実際に不動産投資をはじめてみないと、わからない部分も多いのは事実です。ですから、私は「とにかく買ってみることが大切だ」と思っています。戸建ては失敗しにくく、破産なんて到底しにくいので、本やセミナーで勉強している時間があったら、早く買ったほうがいいということは断言します。

そのときのポイントは「３００万円以内で利回り20％以上の物件を選ぶ」ことです。戸建てはアパートよりも難易度が低いです。戸建ては間取りが広く、ペット可にもでき、庭もあって物も置くスペースもあります。つまり、物件にお客さんを引き寄せるパワーがあるのです。さらには隣家との騒音トラブルに悩む必要もありません。よほど賃貸需要がないエリアでない限り、値段を下げれば必ず埋まります。一方、アパートの場合、角部屋以外でなかったら間取りは同じなので、競争力がありません。

実際、**私は戸建ての投資で失敗した人をほとんど知りません。**リフォームが手に負えない物件を買ってしまったという話は聞きますが、最初にあまり手をかける必要がない物件を買えばいいわけです。

都心の人には想像しにくい〝田舎の需要〟

よく、「田舎の物件は本当に借り手がいるんでしょうか？」という質問を受けます。

私は、関東鉄道常総線でたった１～２両の列車しか走っていない駅から徒歩10分にある、昭和62年築の物件を所有していました。オオスズメバチ、ヘビ、ヤモリが出てくるエリアにあった物件です。夜道は真っ暗で、片側斜面に建っていました。そんな物件を２００万円で購入しましたが、大きなリフォームをしないで埋まっていました。

家賃は５万９０００円、４ＬＤＫで駐車場が付いています。ターゲットは、私の予想通りだったのですが、「裕福ではない子だくさんのファミリー」「ゆったり暮らしたい老夫婦」「ペットを買っている人」です。結果的には、ペット２匹を買っている老夫婦が住むことになり、家賃も５０００円アップの６万４０００円で決まりました。

この物件は売却利回りが12％以上になった時点で売りました。私が買ったときは利回り30％だったので、決していい売却利回りとはいえませんが、購入者はキャッシュで半分、残りの半分は日本政策金融公庫から借りて安定的にまわしたいということでした。

この例からもわかるように、**そもそも割安で購入していれば、賃料で元本を回収できます。売却する際も入居が付いて利回りがあれば売ることは難しくありません。**

つまり、エリアの問題がすべてではないということです。実際、北海道の網走の物件でも、東京の投資家が買っているという話を聞いたことがあります。おそらく、私と同じように、最低限の賃貸需要はあって、入居者がファミリーだったり老夫婦だったりすれば、しばらくは出ていかないだろうなと判断しているのだと思います。

たしかに、賃貸需要があるのか心配になる気持ちもわかります。ただ、読者のみなさんが思っている以上に入居者はいるのです。何より、**広い戸建てに住むと、荷物が多くなるので引っ越しが億劫になります。これは入居者にとってデメリットですが、投資家にとってはメリットです。**

これが、単身向けのアパートで、部屋が狭小だとしたら、競争は激化します。田舎にある単身向けの狭小物件は、そもそも需要も少ないので家賃1万円台になる可能性もあります。

もし、戸建てとアパートが同じ賃料になった場合、ほとんどは戸建てに流れるはずです。騒音を気にせずにすみますし、「ペット可」などで自由度が高くなるからです。とくにファミリーの場合は顕著でしょう。そういう物件をきちんと管理して、適切にメンテナンスすれば、空室を恐れることはありません。

いくら地方が安いとはいえ、戸建ては比べる対象の物件がないオンリーワンなので、賃料は大きく下がっていきません。アパートだったらエアコン付きで、バス・トイレ別で1万円台もありますが、戸建てはまったくリフォームしていない状態でも、下がってもせいぜい3万円です。

何より最悪の場合は「土地の値段で売れればいい」という選択肢があるのが魅力的です。だからこそ、大きな失敗はほかの投資と比べて圧倒的に低いと考えられます。もちろん賃貸需要を調べる必要はありますが、絶対的なリスクは低いのです。

また戸建ての場合、売却の際には住宅ローンで家を買う実需層を狙えるのも強みです。この層を狙えたら、自分が300万円で買った物件を600万円で売るのも可能です。むしろ、買手側とすれば家族4人で住めることを考えれば、1000万円で買っても賃貸よりもお得と考える人もいるでしょう。1000万円くらいなら、年収300万円くらいの人でも融資は通るはずです。

購入する物件価格は「300万円以内」が理想ですが、2棟目以降はキャッシュで買える層がいる3000万円までだったらいいと思います。できれば戸建てがいいですが、狭小ワンルームではない、小ぶりのアパートを対象にしてもいいでしょう。半分キャッシュで半分融資という選択ができるので、借りられる銀行の幅も広がります。

地方の人は「田舎物件」に慣れている

田舎の物件では、客付け（入居者が入ること）できるかどうかが大きな問題となります。したがって、田舎に住んでいる人のほうがチャンスはあると私は考えます。なぜかというと、普段から田舎を見慣れているからです。

私は石川県の金沢市出身で、田んぼの真ん中に建つ小学校に通うような環境で育ちました。ですから、田んぼの真ん中に建つ物件であってもまったく気にしません。ちなみに、周りが田んぼという環境であっても、私の家はすぐ近くには国道が通っていて、暮らすに不便はありませんでした。

私が生まれ育った場所は、最寄り駅が近く、比較的恵まれていました。最寄り駅は金沢駅でしたが歩いて行ける距離ではなく、バスで6駅、自転車だったら20分かかる場所です。田舎の若者の多くは自転車で生活しているのです。正直なところ、都会と比べたら「いい場所」という感覚はありません。それでも、石川県のほかの場所に住んでいる人にいわせると、「便利なところに住んでいるな」となるわけです。

それに、田舎にはコミュニティバスが走っていないエリアもあります。しかし、車で駅まで10分足らずで出られますし、国道が近いので周辺には大きなスーパーやドラッグストア、ボウリング場といった商業施設がたくさんあります。学校帰りや休みの日などは、みんな私の家の近くの国道に遊びに来ていたくらいです。

何がいいたいかというと、地方の人は地方の物件を見慣れているということです。都会の人から見れば驚くほど田舎に見えても、そこに住む地元の人からすれば、「見慣れた普通の光景」なのです。もちろん、賃貸需要が大前提ですが、田舎であることは別に大した問題とはならないのです。

繰り返しますが、**大切なことは客付けができるかどうかです。賃貸ニーズがあるかないかを一番に考えてください。ニーズがあれば、そのエリアが都会であるか田舎であるかはまったく関係ないのです。**住んでいる人口が多いか少ないかも関係ありません。

見知らぬ街でも問題ありません。私も所有する物件がある場所は、それまで行ったこともありませんでした。ただし、これから本のなかでお伝えしますが、簡単なＤＩ

Yを行なうことを推奨するため、自分が通える範囲であることが大事です。ポイントはあくまでも入居者が入るかどうかと、自分が通えるかどうかなのです。

リフォームで失敗しないためのポイント

リフォームをする際は、賃料に合ったリフォーム内容にしましょう。

管理会社にとって、管理料の5%というのは旨味がありません。とくに築古だと建物トラブルは付きものなので、できるなら管理は避けたいというのが本音です。そこで、修繕して利益を取ることを考えるわけです。屋根や外壁塗装など大規模修繕のタイミングで提案して、そこから20%くらいの利益を取ろうとします。ですから、修繕の可否は自分で調査する必要があります。

客付けを強くするためには、シャンプードレッサーを入れたり、キッチンを入れ替えたり、混合水栓をつけたり、お風呂に追い炊き機能をつけたりするなどがあります。ターゲットによってはどれも有効でしょう。

ただし、いくら田舎の築古物件の設備をよくしたところで、せいぜい月額賃料は1000〜2000円程度上がるだけです。ですから、**いかに仲介している不動産会社に客付けをがんばってもらうかを考えるべきです。**

「シャンプードレッサーを入れたら、いくら上がりますか?」と聞いて、「2000円ですかね」といわれたら、導入費用が何年で回収できるかを考える必要があります。

気を付けなくてはいけないのは、戸建ての場合、面積が広いのでリフォーム費用もあっという間に100万〜200万円は超えてしまうことです。ただし、お金をかければいいかというと、そういう問題でもないのです。

以前、仲介会社から「カラーモニターのインターフォンに替えましょう」という提案を受けました。ですが「替えて賃料が上がるんですか?」と聞くと、上がらないというのです。「お客さんが必ず求めているのですか?」と聞いたところ「必ずではありません」ということでした。それならば不要という判断になります。

ただ、ここは非常に難しいところで、空室対策の方法はいろいろなところで紹介されていて、何を入れるのが最適なのか、わからないところもあります。例えばエアコンを全室に入れるのか、1部屋だけでいいのかという問題もそうでしょう。

そのため、**何が必要かを仲介会社にヒアリングする必要があります。**これは地方によって特色があるので、都心のイメージで考えると失敗します。ただ、1社だけに聞いて鵜呑みにするのはリスクが高いので、何社かに聞いて、その中間値を取るのがいいでしょう。

とくに初心者の場合は、金額を多めに吹っかけられることが往々にあります。例えば、クロスは拭き掃除で十分なのに、張り替えるよう提案されてしまうこともあります。

基本的には、地域最安値の家賃で勝負するのであれば、リフォームは最低限でいいでしょう。それよりも、「この物件は、どの属性をターゲットにするか」ということを、購入段階で徹底的に追求してください。逆に安さではなく、転勤族を狙った高級物件なら、ある程度のリフォームは必要になってくるという判断になります。

だからこそ、**私は一番簡単なのは「地域最安値を狙う戦略」だと考えています。ノウハウが不要で、安く設定するだけでいいので、初心者には本当におすすめです。**内見者に効果的に訴求できるポップをどうするか、どうやって気に入ってもらうかなどを考えるのは、上級レベルの投資法です。そんなことをせずにすむのであれば、それに越したことはありません。

不労所得（に近い）を手にする一番の方法は、「とにかく安く買って安く貸す」、これしかありません。ただ、これを実現するためには都心では不可能です。地方の田舎だからこそできる投資法なのです。

30%超もある、都心部では考えられない超高利回り物件

地方はそもそも土地も建物も安いです。建物に関しては、「20年くらい経てば０円」と考えている不動産会社もあるほどです。

そのため、まだ築20年程度なのに「建て替えたほうがいい」と思っている不動産会社は、割安で売りに出す傾向があります。また、物件情報に「古家付き」と書いてある物件も狙い目といえます。「内装が汚いしキッチンも汚れている。こんな物件、誰も住まないだろうから壊したほうがいい」と思われている物件でもいいでしょう。

また、所有者の事情として、親が亡くなって、実家の物件を放置しているケースは

山ほどあります。不動産業者も、「こんなに古くて汚いから100万円でいいか」と考えるでしょうし、所有者にとっても相続税の支払いでお金に換えなきゃいけないというケースもあるでしょう。例えば、「どうしても今月中に300万円を払わなくちゃいけないから、本当は500万円にしたいけれど300万円で売ろう」という話です。

もしくは、「売り急いでいるわけではないけれど、もういらないから好きにしていいよ」というケースです。ほかには「会社の売り上げが出すぎたので節税をしたい」という場合にも売りに出たりします。

このように、**地方ではもともと割安である以外にも、さらに割安で売りに出される例が多いのです。**

田舎の地主の多くは、自分が持っている土地には価値がないと思っています。都会の地主は、自分たちが持っている土地に価値があることがわかっていて、不動産会社から営業されることにも慣れているのですが、田舎の地主はその経験がないため、いざ相続税の支払いとなったときに焦って格安で手放してしまいやすいのです。

駅近・国道沿いの物件でなくても勝機は十分にある

不動産投資をする人は都会の人が多いので、地方も自分が住んでいるエリアと同じように、駅からの距離が大切だと思い込みやすい傾向があります。

しかし、都会の場合は「駅徒歩○分」という条件がとても重要になりますが、**地方の物件は駅からの距離はあまり関係ありません。むしろ、駐車場があるかどうかが大事です。**そのため駅からの距離よりも、駐車場の有無を必ず確認するようにしてください。

地方の場合、「駅からの距離」よりも「その街の力」をチェックすべきです。

旧市街であれば、駅から離れていても街がにぎやかです。私が現在所有する茨城県のとある市は旧市街地ですが、駅の周辺が栄えているわけではありません。駅から10〜20分の距離があるエリアのほうが人気があります。

愛知県も同じようなイメージです。名古屋にある目立たない沿線の岡崎のあたりも、駅前のまわりがシャッター街なのに、少し離れると栄えています。

地方は車社会なので、通勤や買い物に便利な主要道路に近いほうが、価値があるのです。ただ、主要道路にこだわると価格が高くなるので、おすすめできません。

ですから、**現地に行って確認するのが理想ですが、最低限、地元の不動産会社に電話で適切なヒアリングをするのが大切です。**この手間を省くと、地方でも人気のあるエリアを選んでしまいがちですが、それが儲かる投資なのかは別問題です。

とくに地方の場合、同じようなエリアで物件を持っていても、成功している人と苦戦している人がいます。それは、やはり購入時のヒアリングという一手間があるか、ないかで決まると思います。

地方の物件には「ライバル」がいない！

地方の物件は、駅からも幹線道路からも少し離れた、けれども車で難なく行ける距離がベストです。

知り合いの投資家で、千葉の田舎で田んぼの真ん中にある物件を所有している人がいますが、県道に出やすい道で、地元の人からは評価を得ているそうです。

その人がいうには、最初見に行ったときにはショッピングモールのすぐそばの物件がいいと思っていたところ、そこにはすでに同じ狙いで建てられた物件が多く、需給のバランスが崩れていたといいます。

その人は、地元業者のすすめもあって、田んぼの真ん中の物件を選んだら、県道へのアクセスもよく需要があったことに気づいたそうです。もちろん、田舎街ですから大きなニーズではありませんが、まわりに競合物件がないため一人勝ちしています。

つまり、辺鄙《へんぴ》に見える立地でも、ライバルがいないため、十分に勝てるわけです。

田舎の場合、周囲3キロ内に2、3件というところでしょうから、断然勝ちやすいのです。しかも戸建ての場合、6万円くらいで高止まりしているケースは珍しくありません。テレビゲームの『ドラゴンクエスト』で例えるならば、田舎はライバルがスライムレベルですが、都心は敵が中ボスくらいの強さが多いです。

また地方の物件の場合、基本的に主なライバルが節税対策の地主なので、儲けようという意識が低いのも特徴です。

同じ地主でも「節税したい地主」と「超貧乏地主」に分かれます。後者は入居前は部屋のクリーニングをせず、基本はほったらかしです。実際、内覧すると汚すぎて靴を脱げる状況ではないこともあります。

一方、前者は汚い物件だと、リフォームで一部屋数百万円もかけます。これは節税を目的に、管理会社から提案されるがままにリフォームを行なっているからです。こうした物件がライバルになるのは避けたいところですが、やはり、戸建てとアパートでは客層が違うので、そこまで心配することはないでしょう。

初心者でも少しの手間をかければ勝てる

いろいろと物件のポイントについて話してきましたが、結局正攻法は「安く買って安く貸す」です。

現在、日本の正社員の平均年収は４００万円くらいだといいます。ただ首都圏が平均を吊り上げているので、全国的に見れば、３００万円未満の人も少なくありません。東京なら１０００万円オーバーの年収の人も珍しくないですし、５００万円程度が普通だと思いますが、地方だと４００万円くらいが多いようです。

そうなると、当然家賃に払える金額も限られてきます。東京の家賃の相場は地方では通用しませんから、いかに安く貸せるかということは非常に重要なのです。

安く住みたいというニーズを持つ地方の人は、シャンプードレッサーが付いていることを求めません。また、外観が多少汚くても、室内がきれいであれば、それほど気にならないのです。

そういう意味で、**「清潔感」があることはエリアを問わず重要です。**３か月くらい空くと、室内で虫が死んでいた、クモの巣が張っていたなどの可能性もありますが、それはＮＧです。

ほかにも、水が出るところの蓋をきちんと閉めないと、そこで水が乾き、匂いが室内にまわってしまうので、管理会社にその配管に水を足すように伝えることが大切です。すぐに掃除ができるよう、室内に簡単な掃除用具を置いておくのもおすすめします。

こういう話をすると「面倒だ」と感じる人もいると思いますが、みなさんがそう感じたことは物件の所有者も同じように思っています。私の父のように、近所に住んでいる大工であっても、そうした手間をかけない人はいるわけです。ですから、ここの部分をしっかりおさえることで差がつくのです。できるだけ、この手間を省かないでください。

私が仲介会社にヒアリングしたなかでも、一番嫌なのは部屋が汚れていることだそうです。「あの大家さんの物件、汚いから案内したくない」と感じることは多いと聞きます。

不動産投資は物件に愛情をかけた分だけリターンがありますが、その愛情は与え続けないと意味がないのです。

地方の高利回り物件情報の効果的な探し方

それでは、地方の高利回り物件はどのように探したらいいのでしょうか。

私の利回りの基準は、ずばり20％以上です。さらに、建物も比較的、築年数が新しいものに限定しました。私が建物の新しさを条件に加えるのは、それが客付けできるかどうかに大きくかかわってくるからです。とはいえ割安の物件では築数年というのは難しいので、平成築の物件を中心に探しています。

大事なのは、**利回りが高くて、建物が平成築です。駅からの距離は気にしません。**

不動産業者の間では、不動産の売買情報・賃貸情報について共有しているネットワークがあります。これを「レインズ」といいますが、これを見れば全国でどんな不動産が売られているのかが確認できます。

4年くらい前までは、「レインズ」を見れば、購入候補の物件はいくらでも見つけることができました。ほかには収益不動産専門のポータルサイト「楽待」もよく見ていました。楽待の掲載物件から利回りが高い順にソートすれば、容易に物件を見つけることができたのです。

当時、私が狙っていた物件は築古の木造アパートの地方物件でした。3000万円以下のアパートと決めていましたが、その理由は3000万円以下のアパートは「早く売りたい」などの事情を抱えた物件が比較的多いからです。売り急いでいる人に対して現金買いをすることで、より安く買うことができるのです。

しかし、これはあくまでも過去の話です。物件価格が高騰している今、RC造マンションなどで3000万円以下のお買得物件は、まず見つかりません。検索するだけ時間の無駄というのが私の持論です。その代わり、最近は築古の小ぶりなアパートや戸建てを購入しています。そのほとんどは友人の紹介です。

不動産投資には仲間の存在は欠かせません。この本を読んでこれから不動産投資をはじめようと思う人は、まずは仲間作りをすることからはじめましょう。

インターネットでの物件探しは「アットホーム」と「不動産ジャパン」

インターネットで物件探しをするのであれば、「アットホーム」で探すのがおすすめです。アットホームは収益専門ではなく、不動産を全般的に扱うポータルサイトですが、元付け業者の物件が多いのが特徴です。

元付け業者というのは、不動産の売買仲介業者を指します。一般的に買主を見つける仲介業者のことを「客付け」「客付け業者」と呼ぶこともあります。これに対して、売主が売買仲介の依頼を直接受けている仲介業者は「元付け」「元付け業者」と呼びます。不動産の仲介では買主、売主から得る手数料は400万円超の物件の場合、それぞれ3％＋6万円が上限とされています。それが、自社の顧客である売主の物件を、自社の顧客の買主に仲介することで、それぞれから仲介手数料3％＋6万円、あわせて6％＋12万円を受け取ることができます。これを「両手取引」といいます（一方のみから受け取る場合を「片手取引」といいます）。業者からすると両手取引を行なうほうが、仲介手数料が2倍となり旨味があるのです。

ほかには「不動産ジャパン」も物件探しに向いています。なぜなら、検索がしにくいサイトだからです。「探しにくいサイトでわざわざ探すなんて……」と思うかもしれませんが、**物件が探しにくく、みんなが敬遠しているからこそ穴場なのです。**

探し方は、エリアや価格帯を条件に入れて検索するだけですが、ここでの注意点としては、新着情報のみを淡々とチェックしていくことです。そして、「これは！」と思った物件を見つけたら、現地に行かずに買付証明書を出します。ここがポイントです。現地に行かずに即買付です。

初心者のために解説しますが、買付証明書とは「この不動産を買いたい」という意思表示の書面です。書名捺印をしますが、法的な拘束力がなく、あくまで「意志の表

■両手取引と片手取引の違い

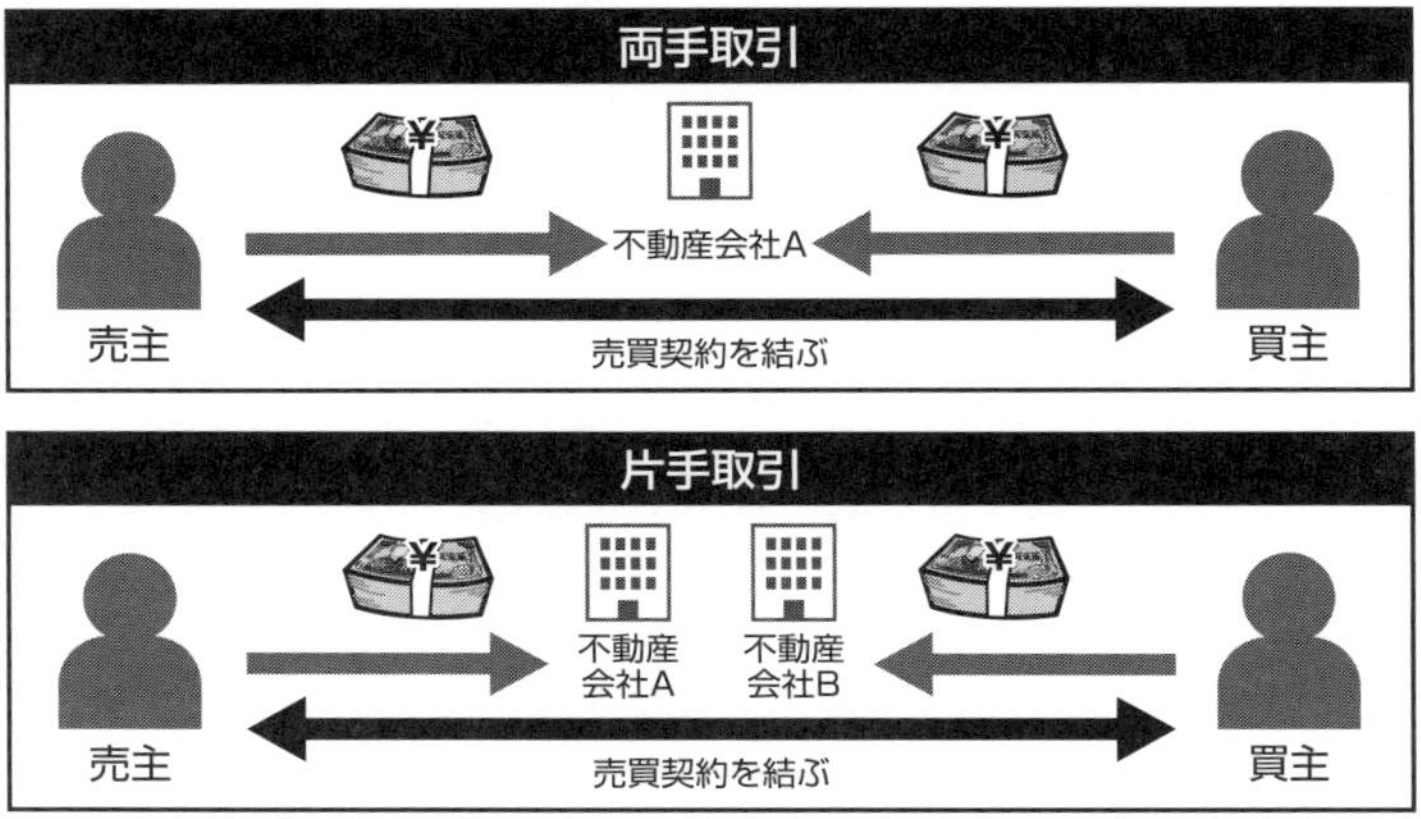

示」でしかありません。

そして、物件を見ずに買付証明を提出するにあたってはいくつかポイントがあります。なかには見ないと買付を受け取ってくれない業者もあるので、「では見に行きますので、気持ちは先に渡しておきます」と言って買付を入れておくのです。

そして、現地へ見に行って「この物件はダメだな」と思ったら、買付は取り下げればいいのです。先述したように買付証明書に法的拘束力はありません。まずは買付が先決です。

足を使った物件探しのポイント

物件探しに使えるサイトを紹介しましたが、実は一番いいのは、自分の名刺を持って不動産業者をまわることです。

名刺というのは会社の名刺ではなく、自分個人の名刺です。そこには顔写真と連絡先を入れて、探している物件の条件も載せておきます。

その名刺を持って近場の不動産業者を全部まわります。足を使ってのローラー作戦です。この作戦は、都心に住む人だと不動産の値段も高く、業者の数も多くて難しいのですが、郊外や田舎の人であれば効果が期待できます。

あなたが成り上がるチャンスは郊外や田舎にあります。なかには、おじいさんがやっているような田舎のひなびた不動産屋に飛び込むのを躊躇する人もいますが、ただ物件のチラシを渡すだけのことなので気にしすぎです。

不動産屋に冷たく扱われるのは嫌だという人は、売物件の情報を持っていけばいいのです。相手から「客にならない」と思われたくないなら、相手の立場を考えたギブアンドテイクを心がけるのです。なかには断られるケースもありますが、慣れですから、めげずにアタックし続けましょう。

「初心者に最適な売り物件なんて見つかるわけないじゃないか」と思う人は頭がかたい人です。その地域の大家さんグループに入れてもらって、売却物件の情報を作り出せばいいのです。「すみません、近々売る予定の物件があったら、私が活動するとき営業しますよ」という流れで、初心者でも立派なお客さんになれるのです。

ローラーで不動産屋をまわるときには、自分の個人情報をすべて開示すると信頼獲得につながります。

こうして物件や情報が流れるような環境、フローを作りあげるのです。これは簡単にはいかないことですし、足も使うし、知恵も工夫も体も全部使ってやることです。楽していい物件情報が流れてくるはずがありません。

なお、不動産投資への時間配分ですが、インターネットで物件を探すのは通勤途中ぐらいで十分です。**大事なのはとにかく現場に出て、「行動を起こして、経験を積む**

こと」です。まずはコミュニティに顔を出して、先輩大家さんから売却情報をもらったり、リフォームや客付けの手伝いを申し出たりするのです。そこまでやれば先輩大家さんもいろいろ教えてくれるようになってきます。

初心者は仲間を作って近場を狙うべし

繰り返しになりますが、私の購入条件は利回り20％以上、築年が比較的新しい物件です。場所は田舎でも気にしません。これで２０００万円以下、戸建てであれば３００万円以下の物件を購入しています。これくらいの価格帯になれば、買いたい投資家が殺到します。そこで物件を見ずに買付を入れて、さらに物件を見ずに購入するときもあります。

私のやり方を紹介しましたが、あくまでこれは上級者向けの投資です。初心者の人だと、さすがに物件を見ずに買うのは難しいでしょう。

そこでおすすめしたいのは、投資家のコミュニティに参加して、仲間を見つけることです。そして仲間と情報をシェアしながら進めていきます。

郊外や地方在住の投資家であれば、自家用車は必需品です。しかし、都会に住んでいる車を持たない人も多いでしょう。田舎に投資をするのなら、自家用車が必要になると思っている人も多いようです。しかし、そんなことはありません。車を持ってない投資家はレンタカーで十分です。

私が愛用している「ニコニコレンタカー」は格安で、12時間借りても料金は2500円程度です。借りた車で自宅に立ち寄り、荷物を積んで物件に向かえば問題ありません。ほかにはカーシェアリングの「エニカ」というサービスもおすすめです。これは、一般の自家用車を持主が使っていないときに貸し出すサービスです。アプリを使って自分の家の近くを検索すると、安い料金で借りられる車を見つけることができます。ただし、このサービスは都心部が中心です。地方は自家用車が普及しているのでニーズがないのでしょう。

自分が理解できる不動産のコンテクストを広げよう！

不動産の世界でだまされたという話もあります。でもそれは数億円規模の物件の場合がほとんどです。これが３００万円程度の戸建てであれば、むしろだますのは割が合わないので安心だと考えます。大きな物件だからこそ狙われるのです。今話題の新築シェアハウスのサブリース賃料未払い問題がよい事例です。

不動産投資では数万、10万円を損してしまうような失敗は付きものです。しかし、それを恐れていてはいけません。あなたが不動産について学ぶための授業料だと思ってください。そうして不動産投資を続けていけば、許容できる金額の大きさが、だんだん広がっていきます。それが「自分のコンテクストを広げる」ことになるのです。

人間というのは、自分が理解できるものしか受け入れられません。だから大きいお金の計算ができない人もいます。例えば、私の親は億単位の計算はできませんが、スーパーで売られている食品の値段の相場は把握していますし、何が安いのか判断もできます。

不動産は安くても100万円単位、普通でも数千万円単位の買い物です。額が大きいから、お金の計算ができず頭がフリーズするのです。スーパーで売られている食品であれば、鑑定士並みに細かく把握できるにもかかわらず、不動産投資になると金額の高い安いが途端にわからなくなるのは、受け入れ態勢が整っていないからです。だからこそ、コンテクスト――**「自分の受け入れられるお金の器」を広げていかないといけないのです。**

とにかくここでいいたいのは、コンテクストを拡張することで、大枠で物事をとらえることができるようになります。10万円の損に意識をとらわれ続けるのはもったいないことです。さらにいえば、不動産投資ではかかわる人間は多く、そのすべてが自分の思い通りに動いてはくれません。そうしたなかで「あの人が悪い、この人が悪い」と人のせいにするのはやめましょう。悪いのはすべて自分です。その選択を行なった自分が悪いということを認め、次に進んでいかなければ成功はできません。

「千三つ」には意味はない

不動産投資の世界では「千三《センミツ》」という言葉があります。これは「いい物件は1000戸のうち、せいぜい3つくらい」という意味で、それくらい苦労しないといい物件は手に入らないということなのですが、私にいわせると無駄な労力です。楽して不動産投資をしたいのなら、今までの常識は捨てるべきです。

千三に時間をかけるくらいなら、先輩大家さんのリフォームを手伝いに行って、どんな物件を買ったのか、どこの金融機関を使ったのかを聞いたほうがよっぽど有意義です。**気になった物件を徹底的に全部見るという考えはやめたほうがいいのです。**昔の本を参考にして、その通りにやろうと思っても、今は当時のような高利回りの物件はありません。

世の中にない物件を探し求めたら、時間がいくらあっても結果が出ません。たまにあったとしても、その情報はあなたの手元に来る前になくなっています。川上の情報を得るような投資家は、わざわざ物件を見に行くようなことはせずに判断しているからです。

本に書いてあることを鵜呑みにして、ひたすら努力を重ねても、途中で心が折れるだけです。そもそも大工さんを引き連れての内見を１０００回もできると思いますか？なかには、足を使って物件を求めて、ようやく築古の超高利回り物件を購入できた人もいます。しかし、買ったところで力尽きて客付けがおざなりになってしまうパターンも多いのです。買うまでに注力するのではなくて、大切なのは買ってからです。**楽にやれる部分は楽にやったほうが効率がいいですし再現性もあります。**

ですから、まずは先輩大家さんの友だちを増やして、彼らの物件を見に行って、手伝いに行くことからはじめましょう。まずは与えるところからです。先輩大家さんたちの懐に入って、いろいろな情報を教えてもらったり相談に乗ってもらえたりするほうが圧倒的に有意義です。そこには活きた情報があるからです。

まずは自己資金を200万円貯める

最初の物件を買うにあたって、自己資金をどれくらい用意すればいいのでしょうか。これは現金買いでもいいですし、日本政策金融公庫からお金を借りてもいいです。もっともいいのは手元に現金があることですが、資金が用意できない人はカードローンを使ったり、親族に頭を下げて借りたりといった方法はあります。

田舎のいいところは不動産の価格が安いことです。しかも注目する人が少ない。だからこそ、田舎ほどチャンスがあると考えています。私が所有する茨城県の物件は、２００万円で買いました。大阪で買っている物件も１００万円程度です。１００万円くらいなら、かなりの人が自己資金として用意できると思います。あるいは、親族に頭を下げてまわれば貸してもらえる額ではないでしょうか。

このような経験から考えると、用意すべき自己資金は最低１００万円として、足りない分を借ります。余裕を見て２００万円を用意できればよりいいでしょう。

いずれにしても最初に買う物件は、とにかく安い物件です。自己資金が潤沢でない人は戸建てからスタートするという選択肢になります。資金に余裕が持てるのであれば、小ぶりなアパートからはじめるのもいいでしょう。

最初はスモールスタートが鉄則です。そして1軒目を買うには、現金でも、融資を使って購入するのでも、どちらでもいいと考えます。なぜかといえば、利回り重視で買っていくため、それが20～30％もあれば、金利の負担は大きなものではないからです。

自己資金２００万円といいましたが、じつは不動産自体は50万円程度でも流通していますし、１００万円の物件もあります。自己資金に関していえば一応２００万円あれば安心ですが、それすら用意できない人は50万円程度の物件を買ってはじめることもできるのです。

また、ローンを使うのであれば、日本政策金融公庫や不動産の無担保ローン、そして簡単に借りることはできないかもしれませんが、地方銀行や信用金庫でも借りられます。なかには「ボロボロの物件の築古にお金を貸してくれるのか」と心配になる人もいるでしょう。ですが、建物に価値はなくても、土地の価値は残るので、土地の担保価値を評価しているので借りられるのです。

「修繕スカウター」を発動させる

地方高利回り投資においてもうひとつ大切なのは、修繕の費用はどれくらいかかるのかを自分で判断することです。しかし、これは誰でも簡単に判断ができるわけではありません。人には向き不向きがあります。ここでは「こういう人は不動産投資をやってはいけない」という判断にもかかわるポイントを挙げます。

まず、建物を見た瞬間に修繕費用がいくらかかるかの判断ができない人は、少なくとも、億近い物件をフルローンに近い条件で購入する投資法は危険です。大規模なRC造マンションであればわからないのも仕方ありませんが、対象が木造の戸建てやアパートだったら、ざっくりいくらかかるかを購入前に把握できなくてはいけません。というのも、安く購入できるアパートや戸建てはだいたいリフォームが必要だからです。

そして、「ここをこう直したらこれくらいかかるかな」という目利きができなければ、リフォーム業者に不当に高い請求をされても気付くことができません。**激安物件を購入する人はだまされないと述べましたが、リフォームは別です。小規模物件であろうと、ボッタクリに遭遇するリスクがあります。**

そこで、物件を見た瞬間に、ある程度の修繕費用の検討ができなくてはいけません。私はこれを「修繕スカウター」と呼んでいます。建物のなかに入った瞬間、クロスがいくらでCFがいくらで、トイレがいくらで、キッチンがいくらなど、これがわからないなら、その時点で投資をすると危険です。

もちろん、不動産投資をこれからはじめようという人が「修繕スカウター」を発動させることは難しいと思います。まずは、大家仲間の物件で修繕を学ばせてもらいましょう。

千三の否定をしましたが、ここでも同様です。何も不動産を1000件見る必要はありません。修繕について学べばいいと思います。大家仲間で同じような物件の修繕をしている人がいたら、それをそのままトレースするのが一番です。

次章からは田舎の物件の空室を埋めるために、どのようなリフォームを行なえばよいのか詳しく解説します。

第3章

「地方は埋まらない」はウソ！空室が必ず埋まる3ステップ

埋まらないのは「部屋内部が古くて汚い」から単純にきれいにすれば必ず埋まる

首都圏の人から見て、「こんな物件で大丈夫なのか？」と思える地方の田舎物件であっても、賃貸需要をきちんと見極めれば初心者でも勝てるということは前章で述べました。

しかし、そういった物件を選んだのに入居が決まらないとしたら、考えられる理由はいくつかに絞られます。最大の要因としては「部屋の内部が汚いから」というものです。

基本的に、築古物件は古くて汚いです。しかし、これらをきれいに直していこうと思ったら、購入後に多大なコストがかかることは珍しくありません。ですから、入居者が嫌がってすぐに出ていってしまうような理由を取り除くことに注力します。大切なことは「全部」ではなく「必要な部分だけ」を選ぶことです。

実は、物件の外観に対しては入居者はそれほど重視していません。周辺エリアのなかでも圧倒的に家賃が安ければ、外面に関してはそこまで気にしないものなのです。

しかし、室内に入って部屋が汚かったら、これは一発アウトです。したがって、部屋内部の清掃をきちんと行なうことが大前提です。

【ステップ①】お金をかけずにすぐできる！　備品の交換

■セスキ炭酸ソーダ、マジックリンなどで掃除をする

物件を管理する管理会社はすぐにクロス交換を提案しますが、ビニール製のクロスの汚れは思ったよりも落ちやすいものです。

基本的には住居用洗剤の「マイペット」を吹き付け、固く絞ったスポンジやタオルで、汚れを吸い取るように拭き取ります。落ちにくい場合は「セスキ炭酸ソーダ」もおすすめです。50gで１００円程度のセスキ炭酸ソーダを、水５００ccに対しセスキ炭酸ソーダ小さじ１（５g）を溶かしてスプレーを作ります。それをクロスに吹き付

セスキ炭酸ソーダ

クロスに吹き付けてからブラシなどでこすると、思っている以上にきれいになる。とくにクロスの汚れがきれいになる。

けてからブラシなどでこすると、思っている以上にきれいになります。汚れ度合いにより濃度を調整しますが、私は基本的に濃い目に作っています。とくにクロスの汚れがきれいになります。たっぷりスプレーすると床が濡れるため、バスタオルなどを使って吹きながら清掃しましょう。たばこのヤニ汚れにも効果的です。

キッチンまわりなどの油汚れに対しては、台所のそうじ用品「マジックリン」の業務用が便利ですが、強力すぎると部材が溶けてしまうこともあるので注意が必要です。目立たない部分で試してから、あまり強くこすらないようにして使いましょう。とくにプライベートブランドは、値段は安くても落ちにくいのでおすすめしません。

マジックリンの業務用はこびりついた油汚れに効きます。油汚れマジックリンを入れたお湯に、油汚れのものを浸けておくと、例えばレンジフードの網や換気扇の羽が、気持ちいいほどよく落ちます。水まわりの細かい部分の掃除は、メラミンスポンジの「激落ちくん」がおすすめです。

ただし、自分で清掃するやり方を紹介していますが、**最初はハウスクリーニングや清掃業者を頼んで、一度実際にプロのやり方を見ておくのがいいと思います。**使っている洗剤類はもちろん、使う順番や拭き取るタイミングなどが直に学べるからです。ハウスクリーニングや清掃業者はインターネットで探せます。「地域名＋ハウスクリーニング」で検索しましょう。依頼の際には、床ワックスとロフト清掃、玄関の扉の内側、外側、水ふき清掃、そのドアクローザーの上にホコリがたまりやすいので、水ぶき清掃をしっかり行なってもらうように伝えましょう。

■クロス、キッチン、洗面台などは昔のほうが丈夫にできている

よく初心者がやりがちなのは「やりすぎる」ということです。

私も経験がありますが、例えばクロスも拭けばきれいになったものを張り替えてしまうなどです。しかも、クロスは昔のもののほうが丈夫にできています。また、キッチンや洗面台も、昔に作られたものはデザインは古風ですが、傷が付きにくく丈夫に

蛇口の交換

水まわりはステンレス部分など光る部分がピカピカになっていると、それだけでも印象が変わる。

できていることが多いです。

ですから、まずは**見た目の古さよりは、「使えるか使えないか」というところをポイントに見極めましょう。**使えるようであれば、キッチンや洗面台はなるべくそのまま使うようにします。

そして、蛇口の交換を行なうだけでもパリッと見栄えがよくなります。水まわりはステンレス部分など光る部分がピカピカになっていると、それだけでも印象が変わるのでぜひ磨いてください。扉面にカッティングシートやCF（クッションフロア）を貼るのもおすすめです。

ほかにもバスルームの鏡を新品に取り換えたりなど、数千円ですむ範囲で手を入れてください。

■排水管・蛇口などは「真鍮のたわし」で磨く

トイレや洗面の排水管の表面は、青カビが付きやすいです。古臭く薄汚れた印象になるので築古物件では必ず清掃を行ないましょう。

私が使っているのは、「真鍮《しんちゅう》のたわし」です。ステンレスではないので注意してください。これを使うと面白いように汚れが落ちます。とくに角度がついているブラシタイプがおすすめで、トイレだけでなく、洗面台など蛇口についた水垢《みずあか》に有効です。

真鍮のたわし

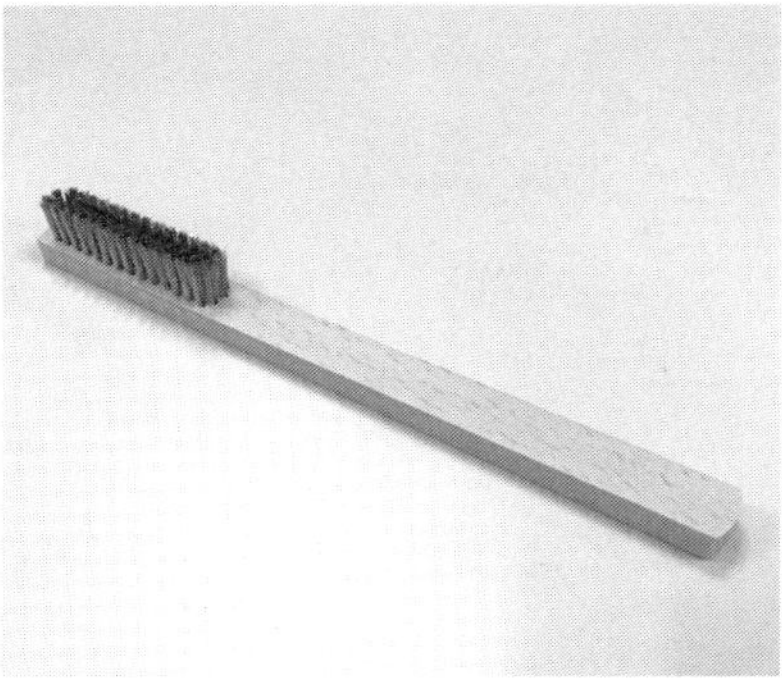

100円均一ショップで手に入る。角度がついているブラシタイプがおすすめで、トイレだけでなく洗面台など蛇口についた水垢に有効。

100円均一のショップで、真鍮とステンレスとナイロンの3個セットで売っているはずです。木の棒にたわし部分が刺さっているものです。

最初は、真鍮だと傷が付くと思ってタ

オルでこすっていましたが、なかなか落ちませんでした。試行錯誤した結果、タオルは問題外で、ほかのものでも、例えばステンレスだと傷が付きますが、真鍮ではうまくいきました。

臭気キャップ

排水溝から臭いが上がってこないように付ける。ホームセンターやインターネット通販で300円ほどで購入できる。

■排水溝には臭気キャップを付ける

排水溝は、臭いが上がってこないよう「臭気キャップ」を付けましょう。これはホームセンターやインターネット通販で３００円ほどで購入できます。

■蛇口から水が漏れるときはパッキンを交換する

「水道のハンドルを閉めても吐水口から水が漏れる」というクレームが入居者からよくきます。ただ、そこでパッキンを業者に交換してもらうと、８０００円ほどかか

■古い物件を買ったら水道のパッキンを交換する

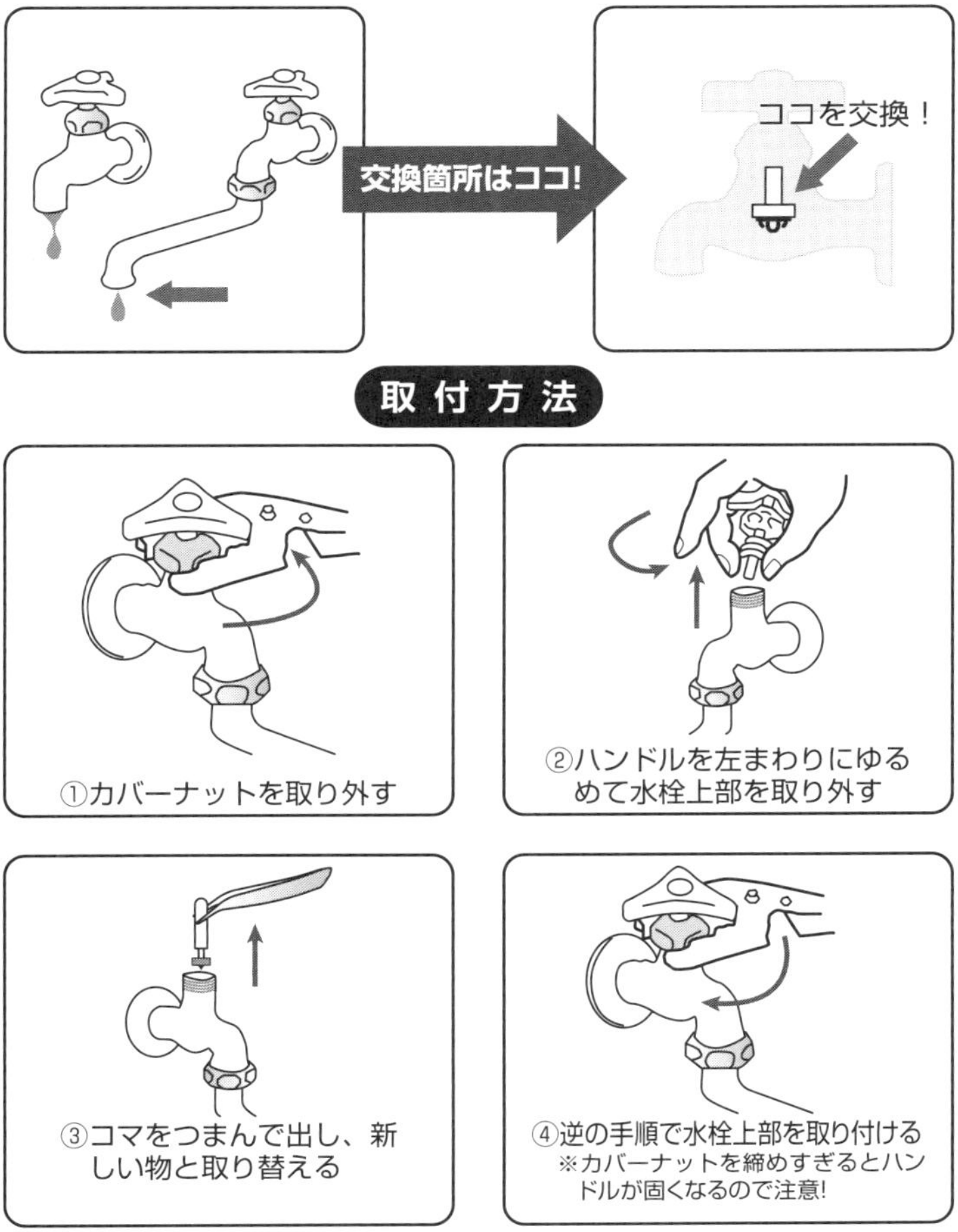
交換箇所はココ!
ココを交換！
取付方法
①カバーナットを取り外す
②ハンドルを左まわりにゆるめて水栓上部を取り外す
③コマをつまんで出し、新しい物と取り替える
④逆の手順で水栓上部を取り付ける
※カバーナットを締めすぎるとハンドルが固くなるので注意!

※水道の元栓を閉じて作業をしてください

ってしまいます。田舎の戸建てだと家賃3万円くらいで貸し出している物件があり、そのなかでの8000円はダメージが大きいです。**入居者の自己負担にするのは非常に大切ですし、また自分でも交換できる術を学ぶべきです。**

私は古い物件を買ったら必ずパッキンを交換しています。自分で換える場合は、水栓の取っ手を外して、自然と分解していくと、コマがあります。ここに付いているゴムが劣化しているため水漏れが発生するので、ここをそのまま新品に交換します。

コマは1個数十円程度です。戻すときには水テープをねじり部分に巻くことも忘れずに行なってください（交換するコマはメーカーによっていくつかの型があります。一度分解して、それを持ってホームセンターに行って同じ物を買うのがいいでしょう）。

私の場合、パッキンに関しては入居者の自己負担でお願いしています。その旨は契約書に必ず盛り込んでいます。

■ペーパーホルダー選びもシンプルなデザインを

一度入った入居者に長くいてもらう（「入居付けがいい」といいます）ためには、仲介会社が何を求めているのかを把握する必要があります。以前、私が仲介会社に「リフォームでおしゃれさを出すことで入居は決まるんでしょうか？」と聞いたところ、「関係ないですね。黒崎さんの物件は価格で勝負なわけですから」といわれたことがあります。

エリアや物件のスペックが違うのであれば別かもしれませんが、少なくとも私がすすめる地域最安値で貸し出す投資スタイルでは、おしゃれさは費用をかけてまで追求する必要がないのです。

ペーパーホルダーも新品に換えるだけです。今は安価なおしゃれなホルダーがたくさん出ていますが、1点だけおしゃれにすると、部屋の全体感とミスマッチになります。

ただ、無駄にお金も時間も使わない範囲ならば、趣味でこだわるのはいいと思います。リフォームが好きという人であれば、試しに挑戦してもいいでしょう。

ペーパーホルダー

ペーパーホルダーも新品に換える。安価なおしゃれなホルダーがたくさん出ているが、シンプルなものが無難。

ハイドロハイター

サビの上に塗って10〜20分程度テイッシュをかぶせるなどして液を留まらせたあと、布でこすって磨くと驚くほどよく取れる。

■浴室の壁のサビ対策

浴室の壁パネルに穴が空き、水が入り鉄部にサビが発生した場合、穴が小さければそこにコーキング（気密性や防水性のために施工される隙間をゴムやパテなどを充填します。「コーキング　風呂」などで検索すると、ウェブで補正方法の解説ページや動画があるので、参考にしてみてください）で補修することができます。

穴の箇所が広い場合、パネルをその部分に接着して、水が入らないように上部をコーキングにて補修します。浴室の3点ユニットの交換はコストがかかるため、できるかぎり避けたいところです。

また、サビの汚れには洗剤「ハイドロハイター」などが有効です。粉末なので50～60度程度のお湯で溶いてペースト状にしたハイターを、サビの上に塗って10～20分程度ティッシュをかぶせるなどして液を留まらせたあと、布でこすって磨くと驚くほどよく取れます。ヘアピンが置きっぱなしになった跡にできるサビ跡にも有効です。

■シャワーヘッドは白を選ぶ

シャワーヘッドは1000円くらいで新品に交換できます。ホースも換えたい場合は、別々に購入するとうまく合わないこともあるため、ホースとヘッドがセットになっているものを選びましょう。そしてカラーは清潔感のある白がおすすめです。

古い物件は配管が詰まっていて、シャワーに勢いがないこともあるので、水圧が強くなるシャワーを選ぶことも重要です。

シャワーヘッド

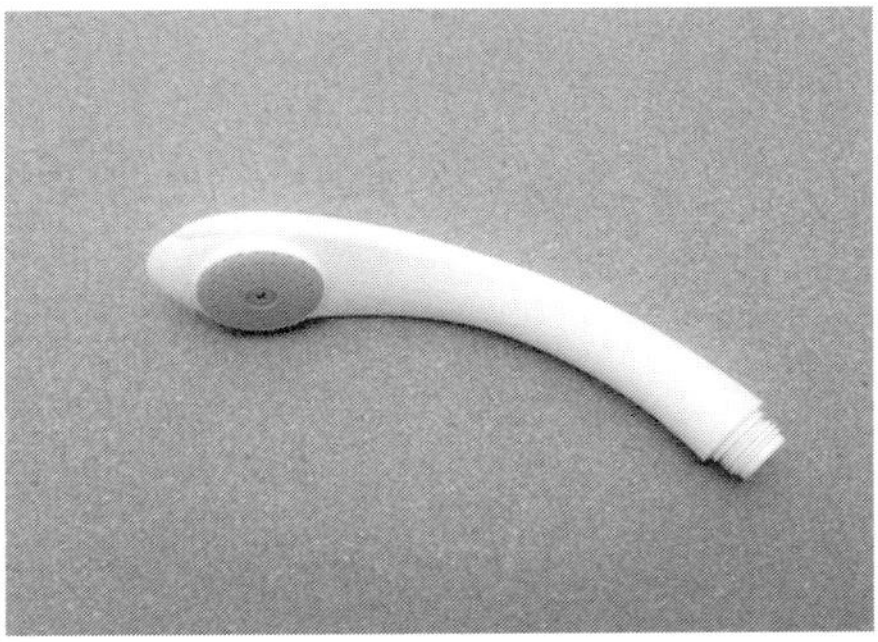

1000円くらいで新品に交換できる。ホースとヘッドがセットになっているもので、清潔感のある白がおすすめ。

換気扇の交換

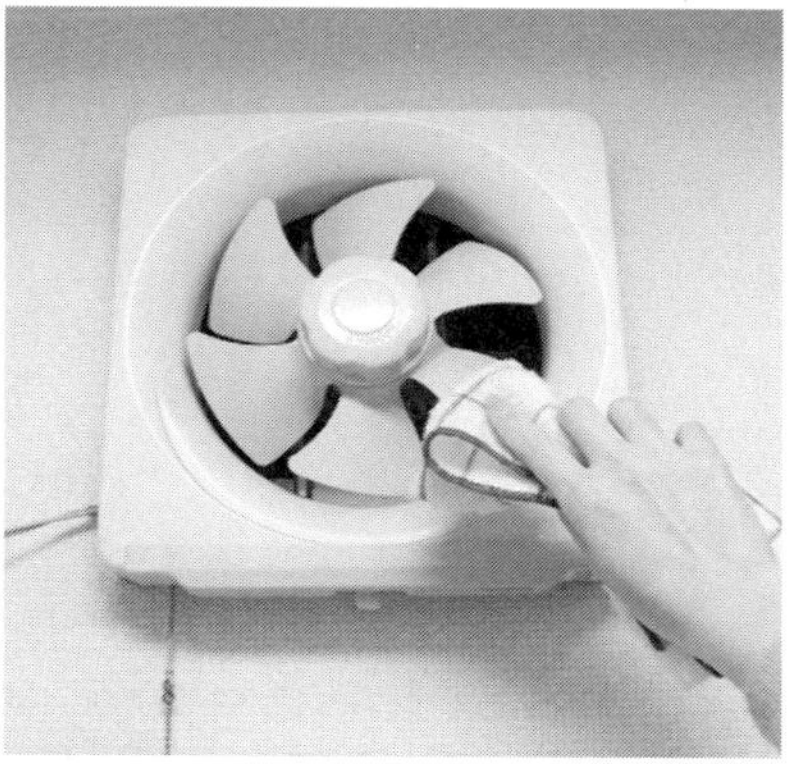

換気扇の型番を調べて、同じ形に交換する。羽がプラスチックなら3000円以内で買える。

■換気扇交換は3000円以内

換気扇の交換は、交換する換気扇の型番を調べて、同じ物に交換するだけです。型番がわかればホームセンターでもインターネット通販でも簡単に購入することができます。羽がプラスチックなら3000円以内で買えて、ネジ4本くらいで交換可能です。なお、初心者は取り外して、それをホームセンターに持参して「同じ型の物をください」といって交換するのが一番間違いがありません。

■カーテンはビバホームかニトリで買う

カーテンの設置はマストといえます。安くても新品を付けるだけで印象がよくなりますし、空室が長いときでも空室感が消えるからです。私が所有している物件は、南向きが多く日当たりがいいので遮光カーテンにしています。いろいろ探した結果、ビバホーム、もしくはニトリの４枚セットが一番コスパがいいと感じています。

■取っ手は100円で換えられる

ドアの取っ手

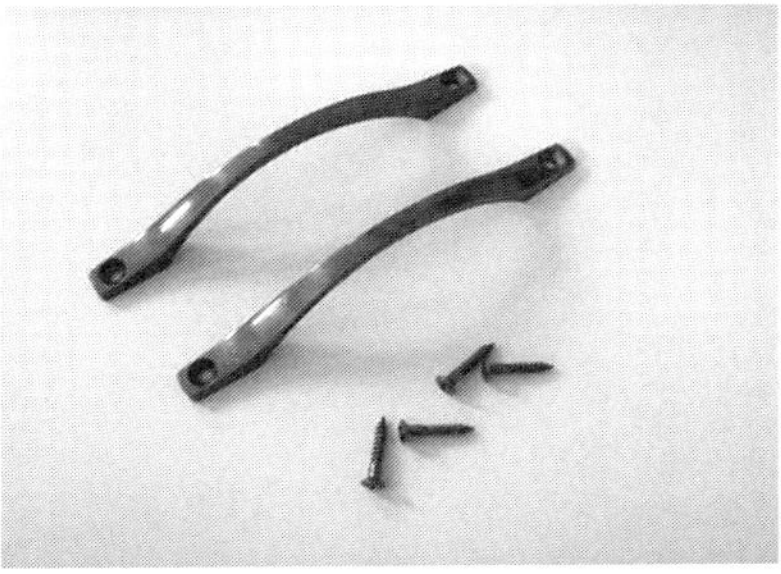

100円で換えられる。おすすめはビバホームから出ている「ビバオリジナル」のもの。

ふすまの取っ手も、キッチンの取っ手も、サビているものがあれば交換しましょう。安いものであれば、１００円で換えられます。

おすすめはビバホームから出ている「ビバオリジナル」です。ビバホームには普通のビバホームとスーパービバホームがありますが、後者のほうが品数が多くプロ向けなのでおすすめします。関東なら島忠などでもいいでしょう。ドンキホーテの系列のホームセンター・ドイトもいいですが、店舗数が少ないです。ＩＫＥＡや

100円均一ショップにも安い取っ手は売っています。

■業者発注後に自分で掃除をしたり、確認したりする必要も

部屋の掃除にあたって、業者に頼むことは間違いではありません。

しかし私の経験上、細かいところまで本当にきれいにしてくれるわけではないと感じています。そのため、私は最初の1、2回は業者を入れてそのやり方を学び、細かいところは自分で掃除をするようになりました。

これは管理会社とのやり取りで感じるのですが、人にうまくやってもらうためには、教育するという気持ちで臨まなければなりません。私は最近も激を飛ばしたのですが、それでも見落としはあるものです。

例えば、退去の立会い時にCFに傷があったら、普通は入居者からお金をもらえるはずですが、そんなことはありませんでした。退去の立会いも確認もルーズです。管理会社からは、「傷がないです」といわれたのですが、念のため実際に見に行ったら、入居時にはなかった傷が見つかったのです。また、クロスの破れでも同じようなやり取りがありました。「傷が2か所ありますけど、なんでお客さんに請求しないんですか?」

と私がいったのですが、そのままにされていました。管理会社いわく、「簡単な補修で直せると思ったので」とのことでしたが、いくら安く直せるとしても入居者の過失です。管理会社によっては、その辺の認識が非常に甘いところも多くあります。結局、大手の管理会社であっても、自分たちが管理している物件を大事に思っていないのです。

先日も、切り替えて3か月しか経っていない管理会社でしたが、不満があったので「もう管理やりたくないんですか?」「やめますか?」と伝えました。しかし、「いや、やらせてください」という回答がきたので、「じゃあ、社内的にうまくやってくださいね」といいました。ただ、これが遠隔になると目が届きにくく、管理会社をコントロールしにくくなってしまうので難しい問題です。

■廃品回収の工夫について

大家業のゴミは「事業系のゴミ」なので、燃えるゴミなどと一緒に捨ててはいけません。必ず分けて捨てるようにしてください。

室内に残置物があり、ゴミでなく買い取りをしてもらえそうなものがあれば、ある程度有名なリサイクルショップ、専門会社にお願いしてみましょう。

粗大ゴミなどがたくさんある場合は、地域の粗大ゴミ処理場（クリーンセンターなど）に電話して、廃棄の値段を聞いて、さらに持ち込めるゴミの条件も確認します。木々は細かく切るなどの条件があるケースも多いです。自治体によって料金は異なりますが、地方だと10キロあたり10～150円くらいで捨てられます。茨城県のとある市では、燃えるゴミ10キロ150円、埼玉県のとある市では鉄の30ｋｇくらいの金庫を3000円弱で処理できました。いずれにせよ、どこで事業用のゴミを出せるかは近隣にヒアリングするなど、調査する必要があります。

少しでもお金を節約したいのであれば、近所をまわっている廃品回収のトラックに持って行ってもらうのもひとつの手です。鉄やエアコンを引き取ってくれるところは、行政に頼むよりはコストが浮きます。ただし、ポストに入っている不用品引き取りの業者には連絡しないほうがいいでしょう。こうした業者は高額な処分費用がかかる可能性が高いからです。

引き取ってもらう物も、「電化製品はＮＧ」というリサイクル業者もあるので注意が必要です。この場合はリサイクル料金がかかってしまいます。

ほかにも、掲示板サイト「ジモティー」やフリマサイト「メルカリ」を活用して引

ジモティー（https://jmty.jp/）

全国の無料広告の掲示板サイト。中古品や求人情報などが掲載でき、全国の地元情報が満載。お得な情報が多く出ている。

き取り手を見つけるのもいいでしょう。

ただ、大型の電化製品は重いですし、エレベーターなしの物件だと、持ち運びは難しいです。その際は、一緒に「〇〇を無料で差し上げますので、その代わり〇〇も一緒に持って行ってください」というアプローチをすることも可能です。

役所に頼むと、家の前まで引き取りに来てくれるので手間は省けるのですが、その分コストはかかります。

いずれにせよ、知恵と工夫を凝らしたほうがいいでしょう。

処分の仕方に困ったら、リサイクルショップに相談するというのも一手ですし、私の場合、その物件の近所に長く住んでいる人に聞いて役立つ情報を得ています。

メルカリ

CMで話題のフリマアプリ。スマホから誰でも簡単に売り買いが楽しめる。主婦層に絶大な人気を誇っている。

■遠方管理の場合、ここに注意！

押し入れの扉など、建具にクロスを貼る場合、下地がきちんと乾いていない状態で貼ると、接着したと思ってもはがれてしまいます。扉のクロスがはがれていると見栄えも悪いですし、後々にはがれがひどくなってしまう可能性もあります。クロスを自分で補修する場合、ホームセンターやインターネット通販で数百円で売っている専用の接着剤を買うといいでしょう。これを業者に依頼すると1万円以上かかる場合もあります。

遠方物件の場合、ちょっとした作業も自分では対応できません。何かとコストがかかってしまうことや、管理会社との意思疎通も取りにくいため、最初は近場物件を選ぶことをおすすめします。

【ステップ②】お金をかけた設備の導入

■交換部品の購入は「最初はホームセンター、その後ネット」

物件で交換が必要な設備の交換に関しては、プロパンガス会社に頼むのがベストな選択といえるでしょう。YouTubeでやり方を見るのもいいと思いますが、実際の施工を見て学ぶのが一番の勉強になります。混合水栓などの水まわりの設備について、「物だけ提供するので、取り付けをお願いできますか？」といったらだいたい取り付けてくれます。

慣れてきて自分で交換する際は、物件で交換が必要な設備を写真に撮って、また、

■交換部品の効果的な購入方法

①最初はホームセンターで購入

②正しい型番を把握するなど、勉強を重ねる

③経験を積んだらネットで安い商品を探して注文していく

外せるのなら持参してホームセンターに聞きに行きましょう。そこで教えてもらったら、価格.comなどで最安値のサイトを探して購入するのです。

一方、小売店で買うメリットもあります。それは返品ができることです。水まわり製品は返品できない可能性が高いですが、それ以外はだいたい返品可能です。

例えば、換気扇を買ったとしましょう。換気扇を交換する作業は実は簡単で、換気扇の外枠のねじを外してコンセントを外すくらいです。それを業者に頼むと物代込みで1万円近くかかるのですが、自分で買ってくれば値段は3000円くらいですみます。サイズを間違えて買ったとしても、小売店であれば返品ができるはずです。

そういう意味では、最初はホームセンターなどの小売店で購入し、正しい型番を把握し経験を積んだら、ネットで安く買っていくという方法がいいでしょう。

■クロスは真っ白ではなく「ベージュが入ったもの」を選ぶ

クロスは張り替えなくても、拭き取り掃除できれいになるなら、古いままでも入居は決まるはずです。

ただ、和室だと緑のクロスや砂壁、さらには30年近く前の洋室のクロスだと古い印象のものも少なくないので、少し変えてあげるだけで、雰囲気がグッとよくなります。

部屋が明るく見えたほうが好印象なので、クロスの色は白系がいいと考えがちなのですが、白すぎると汚れが目立つため、私はベージュが入った白系を選んでいます。安価な量産系のクロスで問題ありません。具体的にいうと、「リリカラ」の少し模様が入った高級

クロス

張り替えなくても拭き取り掃除できれいになるなら入居は決まる。白すぎると汚れが目立つためベージュが入った白系がいい。

テイストのものです。

クロスを交換する費用の目安は、平米単価800円以内にしましょう。

業者の探し方はインターネットで検索してください。「在庫品で構わない」といえばだいたいの場合は安くすることができます。その際に、柄は確認して、選べれば「ベージュがはいったもの」を指定します。

■CF（クッションフロア）は型取りをして、自分で貼り替えてみよう

床材にはフローリングやフロアタイル、CFなどいくつか種類がありますが、もっともローコストで簡単なものがビニール製のCFです。安価でたくさんの種類があり、リアルなフローリング模様などもあります。

CFも古いものだと、ひまわり模様や幾何学模様など古臭くて個性が強いものが多いので、フローリング模様に変更するのをおすすめします。価格が安いと薄くなるのですが、それで構いません。私が愛用しているのは、ビバホームが出しているシリーズ「ビバオリジナル」の安い製品です。ビバホームに限らず、ホームセンターでオリジナルのものは安くておすすめです。

これらの施工は、ワンルームや1Kなど、狭ければ自分で貼り替えましょう。最初にダンボールなどを使って型を取り、それに合わせてCFを切り取り、そのCFを両面テープで貼るだけです。型を取るとき、玄関の入り口に段差があると思いますが、プラスチックの見切り材を床に留めておくとCFが浮き上がらなくなります。正しい施工法ではないですが、上から見切り材をねじ込んできれいに留めることで、段差がなくなります。

CF（クッションフロア）

ローコストのビニール製のフローリング模様に変更するといい。業者に依頼せず自分で張り替える。

トイレのCFの場合、古いものを丁寧にはがし、それとまったく同じように鉛筆やマジックで写して切って貼るのが一般的です。しかし、はがしにくいときは、私はトイレでもダンボールで型紙を作っています。

キッチンの床でも同様に型紙を使いますが、キッチンをいったんどかしてからのほうがきれいにCFを貼れます。実は、キッチンは持ち上げれば簡単に外れるものが多いのです。業者に発注すると取り付け費で5000円くらいかか

ります が、2人いれば簡単に脱着できます。男性なら1人でも脱着可能です。「外すのはまだしも、付けるのが心配」という方もいるかもしれませんが、キッチンを斜めに入れれば案外簡単です。

CFの交換を業者に依頼する場合は、平米単価1000円程度を目安にしましょう。インターネットで安い業者を探し、クロスのときと同様に「在庫品で構わない」といえば安くすることもできますが、柄は確認しましょう。

ちなみに、CFの柄にもよりますが、フローリング調で、一部のみタバコの焦げ跡がある場合、ほかの目立たないところのCFを切り抜いて、そこと交換することで全面交換が不要になることが多いです。

■木部塗装は白色ベースで油性ペンキを選ぶ

古い物件の場合、柱、窓枠、廻縁《まわりぶち》、鴨井《かもい》、巾木《はばき》といった木材は部屋のあらゆるところに使用されていますが、木部分が汚れていることが多いので、きれいに拭いて塗装をしたほうがいいでしょう。

具体的に挙げると、玄関に上がるときの上がりかまちの枠、お風呂の扉など建具の枠は最低限塗ってください。

ペンキの色は白をおすすめします。レトロ感を出すなら茶色など濃い色でもいいでしょう。また、同じ白でも汚れが目立たないようクリームが入った色を選ぶ人もいます。

また、ペンキを選ぶときは、基本的に塗装する材質によって種類が分かれていることに注意しましょう。缶を見ると「木部用」や「鉄部用」など、用途に応じた名前が書いてあり、裏面にはさらに詳しい用途が書かれているので、ホームセンターに出向いて材質に合った塗料を選んでください。

屋内用の塗料には、木目が見える仕上げになるニスやオイル、ステイン、色が豊富で木目を塗りつぶす仕上げになる一般塗料があります。塗料の塗りやすさや色持ちは値段に比例しやすいものです。大きくは水性と油性に分かれています。できれば水性ではなく油性を選んでください。

2つを比較すると、水性塗料は、誤って塗っても水ぶきで落ちやすいので扱いやすい反面、色持ちが悪いです。とくに木部は時間の経過とともに灰汁《あく》が出てきて、表面が黄ばみやすいので、圧倒的に油性のほうが長持ちします。ただし、作業時には臭気が発生するので換気するよう注意が必要です。

刷毛やローラーを使って壁の塗装

刷毛を使って塗っていく。クロスやＣＦの交換のタイミングで養生の有無を考えつつ、自分で行なうことが望ましい。

なお、ホームセンターのプライベートブランドの水性は、値段は安いのですが色落ちがよくありません。そのため、最近は油性塗料「アサヒペン」の油性スーパーコートなども使用しています。

塗装の際には、基本的に刷毛を使います。範囲が広い場合はローラーでもいいでしょう（１００円均一の商品で毎回使い捨てても可）。

刷毛で行なう塗装の注意点は、使いはじめは毛が抜けやすいので、引っ張って抜ける毛を抜いておくことです。私は過去に塗装中に毛が抜けてそのまま固まったことに気付き、塗り直したケースがあります。また塗料の付いた刷毛、ローラーにラップを巻いておけば、１日程度は洗わなくても翌日には使えます。

塗装の作業工程についてですが、クロスやＣＦを交換する予定なら、最初に行なうと、汚さないための養生が少なくてすみます。養生とは建築・引越しなどの作業で、先に完成した部分など作業の対象物の周辺物を汚損や傷から護るための処置です。この場合はまわりに塗料が飛び散らないよう、塗装箇所に養生テープを貼ります。床にも塗料が跳ねてもいいように、ビニールシートなどの養生をしておきます。

木部は塗装前に120番程度の粗めのヤスリで表面を軽くこすります。そうすると塗料がノリやすくなります。その際に塗装がはがれかかっているところがあれば、必ず落としておきます（その上に塗っても下地と一緒にはがれてしまうため）。

水性塗料の場合、水ぶき用の雑巾を手元に用意しておくと、誤って塗ったときにすぐ拭けます。

油性の場合、シンナーと乾いた雑巾を用意しておき、誤って塗ったときはすぐに乾拭きすれば取れます。時間が経った場合はシンナーを雑巾に染みこませて落とします。ただし、下地が痛むので油性の塗料は扱いに注意しましょう。

■「ふすま」もお金をかけずに最安値で

和室であればふすまもあると思います。ここもお金をかける必要はありません。デ

ネットde畳（https://netdetatami.jp/）

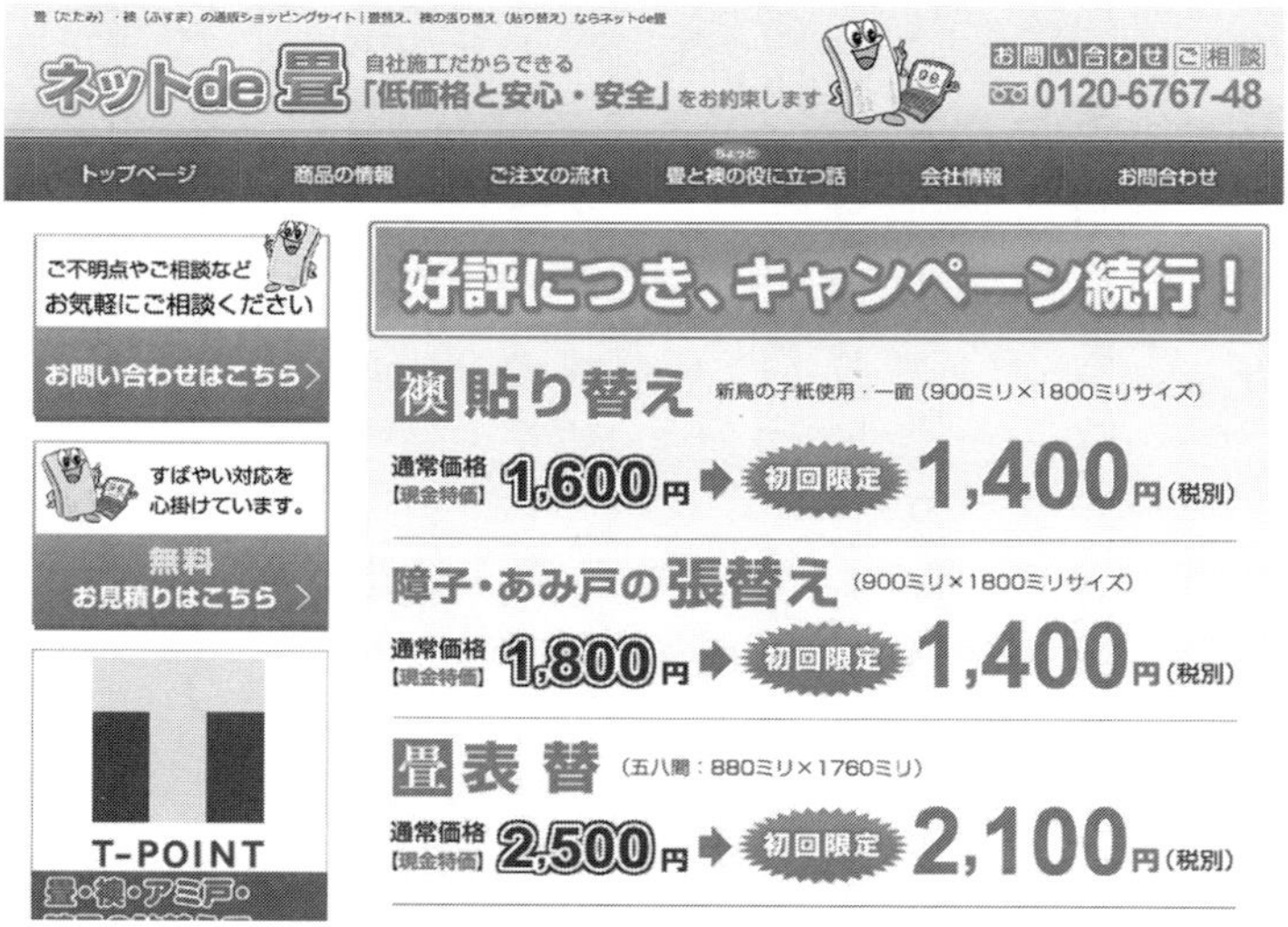

畳の表替えは１畳2500円、６畳では１万5000円程度でできる。ふすまも格安で購入でき、１枚2000円で交換可能。

ザインふすまなどもありますが、地域最安値の家賃で勝負するのなら、ここでの出費はおさえましょう。ただ、ふすまは自分で変えようとすると、シワが出やすく難しいため、私は1枚2000円くらいで交換してくれる「ネットde畳」という業者にまとめて発注しています。この業者はふすまだけでなく、畳の表替えも格安で行なってくれるので非常に便利です。

　ふすまにクロスを貼る際の注意点として、片方だけ貼ると収縮して歪む可能性があるので、両面貼ることをおすすめします。古い物件だと、ふすまの取っ手もサビていることがよくあるので、これも交換しましょう。

■畳の代わりに、ござやカーペットを検討する

よりコストをおさえたいなら、畳の表替えの代わりにござを買って敷いたり、カーペットに換えたりするのもひとつの手です。薄い平織カーペットであれば6畳で5000円くらいですみます。薄い平織カーペットには折じわがついているのですが、かえって新品感が高まるので、入居者に対して好印象を与えることができます。

ちなみに、畳の表替えを行なう場合、前述の「ネットde畳」を利用す

カーペットの折りじわ

薄い平織カーペットは6畳で5000円ほど。折じわがついているが、新品感が高まり入居者に対して好印象を与えることができる。

ると、1畳2500円、6畳では1万5000円程度でできます。

もう一点、畳の表替えには注意が必要です。私は一度カビを生やしてしまい失敗したことがあります。新しい畳は水分を含んでいるので、カビが生えやすいのです。私はそのことを知らず、夏場に2か月くらい部屋を閉め切って放っておきました。すると、カビだらけになってしまい、青いカビが畳の上に積もってしまったことがあります。日当たりがいい部屋ならいいのですが、私の場合はシャッターを閉めて隙間風も入らないようにしてしまったのが失敗でした。換気扇をまわしておくように管理会社に指示をしたかったところなのですが、ブレーカーを切ってしまっていたことも大きな原因でした。こうした畳のカビを防ぐには、新聞紙を引くのが有効です。ただ私の場合は手遅れだったので、管理会社にお願いをして拭き取ってもらいました。

戸建ては比較的通気性がいい物件が多いですが、これがRC造マンションの場合、気密性が高いので注意が必要です。気密性が高いと、クロスや畳にカビが生えやすくなります。さらに、ガラスに関しては、網入りガラスは熱割れしやすいので、割れた場合はノーマルのものも検討することをおすすめします。

そのほか、畳の上にウッドカーペット（ネットで6畳江戸間で1万3000円程度）を敷くこともできます。私はアパートの2階以上の部分で、床下に音を伝えたくないときに使用しています。

■エアコンの交換は中古でもOK

通常、エアコンは6畳用は設置費用込で7万円弱かかります。中古設置費用込の場合は3万5000円程度です（中古購入の場合、機械なので7年以内が望ましいです）。インターネットでエリアに対応しているエアコンの中古ショップを探して交換します。なければ、エリアで安いエアコン工事会社を探して対応します。「エアコン、回収、無料」で検索して、エアコンの無料取り外し、かつ取り付けを安く行なってくれるところを探すのです。エアコンの無料取り付けは、プロパンガス業者ができるケースもあるので、まずは一度聞いてみましょう。

エアコンの交換

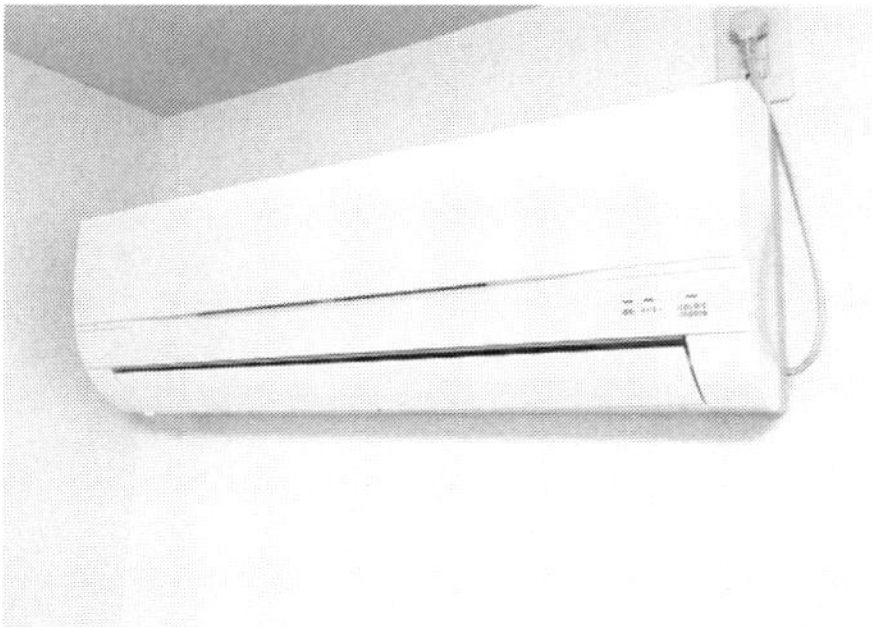

新品を設置すると設置費用込で7万円弱かかるが、中古だと半額ですむ。近隣の中古ショップを探して交換する。

エアコンの交換のタイミングですが、よく冷えない、温まらないのはガスが抜けているのが原因です。これは３万円くらいで修理できますが、それならば中古で状態のいいエアコンに交換することをおすすめします。

中古のエアコンを買う方法は、インターネットで中古エアコンを探すのも手ですが、ヤフオクでエアコン回収業者を探して、「回収したての中古がほしい」と直接依頼するのがいいでしょう。なお、既存のエアコンが壊れていても、買取価格は３０００～５０００円程度にはなります。また、エアコンのリモコンだけが壊れているケースもあります。リモコンを買い替える必要がありますが、安すぎるものは使いにくいので、メーカー問わずに使用できる１３００円くらいのエルパ製をおすすめします。

ステンレスの郵便受け

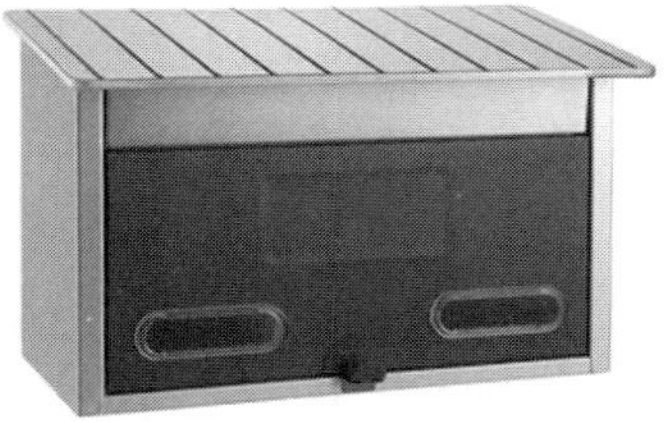

鉄製ではサビてしまうため、ステンレス製に交換する。見栄えも見違えるほどよくなる。3000円程度で交換可能。

■郵便受けはステンレスに換える

古い物件の場合、郵便受けが古くさくサビていることが大半です。ステンレス製のものに換えることをおすすめします。ホームセンター・カインズホーム（埼玉県をはじめ首都圏中心の展開ですが、愛知県や岡山県にも進出しています）であれば、シンプルなデザインのステンレスのダイヤルロックのものが1個3000円ほどで売っています。

また戸建ての場合、実需向けに売られているかわいいデザインの郵便受けに換えるのも有効です。こちらも3000円ほどで買えるので、インターネット通販でチェックしてみるのもいいでしょう。

カラーモニターフォン

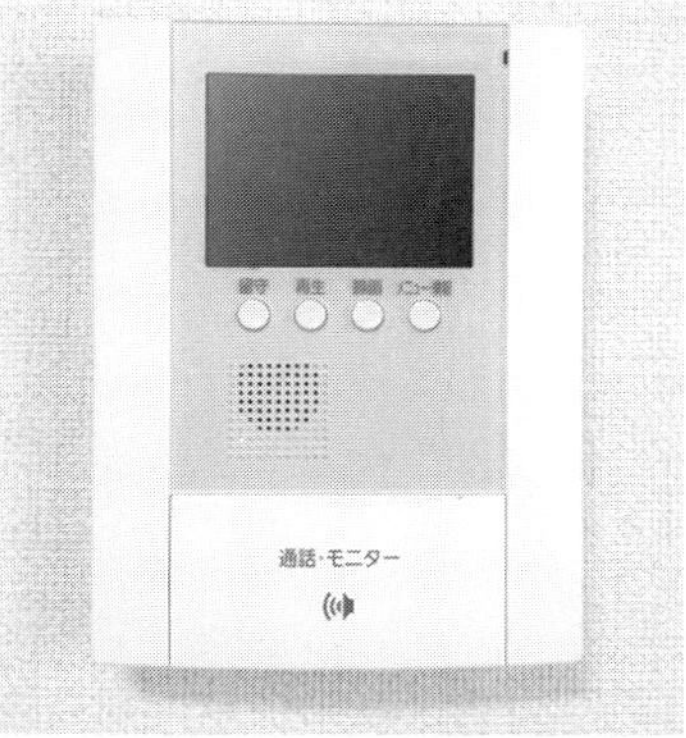

導入することによって賃料が上がるのかどうかを不動産会社にヒアリングする。上がらない場合は付けなくてもいい。

■カラーモニターフォンの導入は、不動産会社に相談してから

カラーモニターフォンへの交換を検討する場合は、交換する前にまずそれによって賃料が上がるのかどうかを不動産会社にヒアリングします。もし「上がります」といわれたら導入しましょう。「必要ないです」といわれた場合

は導入しません。私の場合、２ＬＤＫ・４万円の物件でも導入しないことがあります。また最近は、プロパンガス会社が無料でカラーモニターフォンを入れてくれるケースも増えています。

■洗面台の交換

洗面台の交換

シャワー水栓のものが主流で、２万5000円程度で交換可能。洗面鏡が割れたり腐食したりしている場合も交換すること。

交換する洗面台はシャワー水栓のものが主流です。価格は２万５０００円程度です。鏡部分と洗面部分が分かれていることが多いので注意しましょう。

なお、洗面鏡が割れたり腐食したりしている場合も交換します。同サイズのものをホームセンターで探して購入し、交換します。鏡のサイズが大きくなるほど単価が上がります。背面を接着テープで止めているケースがあるので、針金で接着部分を切ります。外し方、設置方法はYouTubeに多くの動画があるので、参考にしてください。

■ウォシュレットは脱臭機能付きのものを選ぶ

ウォシュレットにも種類はいろいろありますが、脱臭機能が付いたものを選びましょう。1万3000円くらいで買える東芝製は、節電機能も付いているのでおすすめです。

ウォシュレットの取り付け方もYouTubeを参考にしてみてください。業者に頼むと、部品代込みで3万5000円くらいかかるので、自分で取り付けるのが望ましいです。もし業者に頼む場合でも、交渉すれば工賃だけで1万円くらいまでは値下げしてもらえるかもしれません。

ウォシュレット

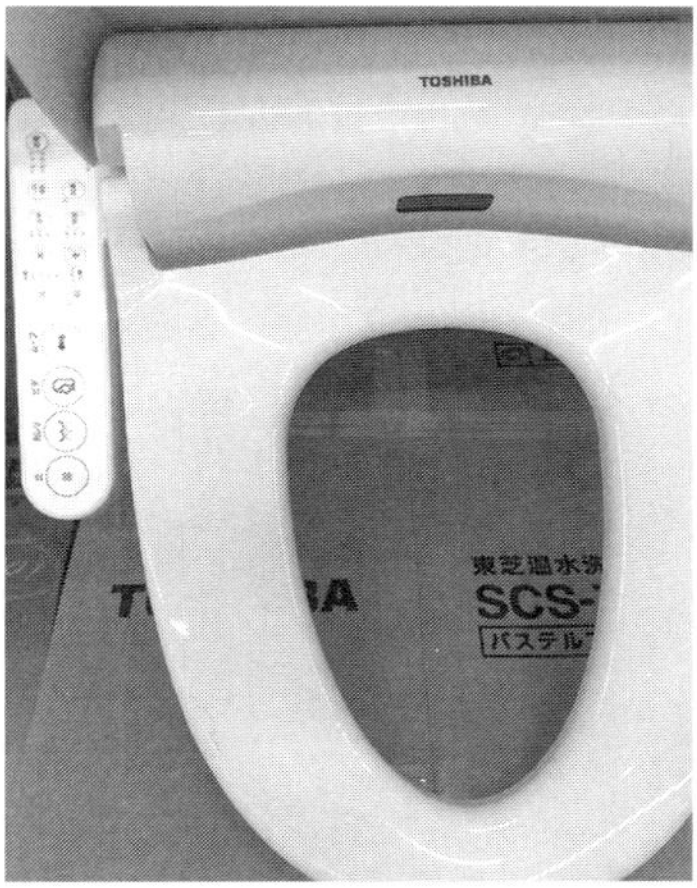

東芝製は節電機能も付いているのでおすすめ。業者に頼むと部品代込みで3万5000円ほどかかるため、自分で取り付けるのが望ましい。

もともとウォシュレットが付いている物件で新品に取り替えた場合、地域によって異なりますが、古いほうは燃えないゴミに出すこともできます。サイズ制限があってそのまま捨てられない場合は、インターネット通販でよく切れる電動のこぎりを購入し、小さくして燃えないゴミとして捨てましょう。こうするだけでも粗大ゴミの料金を節約できます。

また、ウォシュレットの交換ではなく便座が割れているケースは、便座交換だけで対応できることもあります。その場合はカインズホームで３０００円くらいで売っており、安価で容易に交換できます。

■キッチンまわりの交換の注意点

キッチンまわりの交換は大事な部分なので、３段階に分けて紹介していきます。

①キッチン交換

ブロックキッチン（通常キッチンは流し台、調理作業台、コンロ台の３つに分かれています。このタイプのキッチンをブロックキッチンと呼びます）の交換で一番簡単な方法は、縦横奥行きの寸法を測り、まったく同じものを探すと調整が不要なので、おすすめです。キッチンの外し方は、キッチンを持ち上げて下部を手前に引きます。その際、排水に注意しましょう（こちらもYouTubeで検索すれば、動画でやり方を確認できます）。この作業だけでもお金を取る業者もあります。

サンウェーブという、キッチンの価格が安いメーカーがあります。ここで買うと、流し台1万2000円、調理作業台1万円、コンロ台8000円程度となり、合計してもだいたい3万円です。安価なのでおすすめですが、傷が付きやすいのが難点です。これより少しいいもので、マイセットという会社のものでそろえると合計5万円を少し超えるくらいになります。

キッチンの取り付けは大工さんに任せてもいいでしょう。取り付け作業だけを単体で発注すると高くなるので、ほかの作業と一緒に任せるか、ホームセンターで購入して、その際に取り付けをそこでお願いする方法もあります。

②上部吊戸棚交換

上部吊戸棚交換で一番簡単な方法は、これも①同様、縦横奥行きの寸法がまったく同じものを探すと調整が不要になるのでおすすめです。こちらも安いメーカーはサンウェーブで1万円程度です。こちらにも少しいいものでマイセット製がありますキッチン同様、取り付け依頼は大工さんに任せます。

③レンジフード交換

①②と同様、レンジフードの交換でも一番簡単な方法は、縦横奥行き寸法がまったく同じものを探すことです。安いものは「ビバオリジナル」の製品で2万6000円程度で、排気が上からと横からのものがあります。難点は①②③のすべてにいえることですが、返品ができない設備なので、間違ったサイズを買わないよう注意しましょう。

レンジフードの交換

「ビバオリジナル」の製品は2万6000円程度で買える。返品ができない設備なので、間違ったサイズを買わないよう注意。

ガスコンロ

エリアによって設置の有無を確認する。ガス会社から無料でもらえるという場合は付けておく。

■ガスコンロの設置

ガスコンロは、ガス会社から無料でもらえるという場合は「付ける」、もらえない場合は「付けない」という考え方でいいでしょう。

ただ、付けたほうがいいエリアもあるので、管理会社に確認をしてみてください。エリアによっては入居者が自分のものを持ってくることが多いところもあり、勝手に付けないほうがいい場合もあります。

■ＩＨクッキングヒーターの交換

ワンルーム向けのミニキッチンに備え付けられている一口のＩＨクッキングヒータ

IHクッキングヒーター

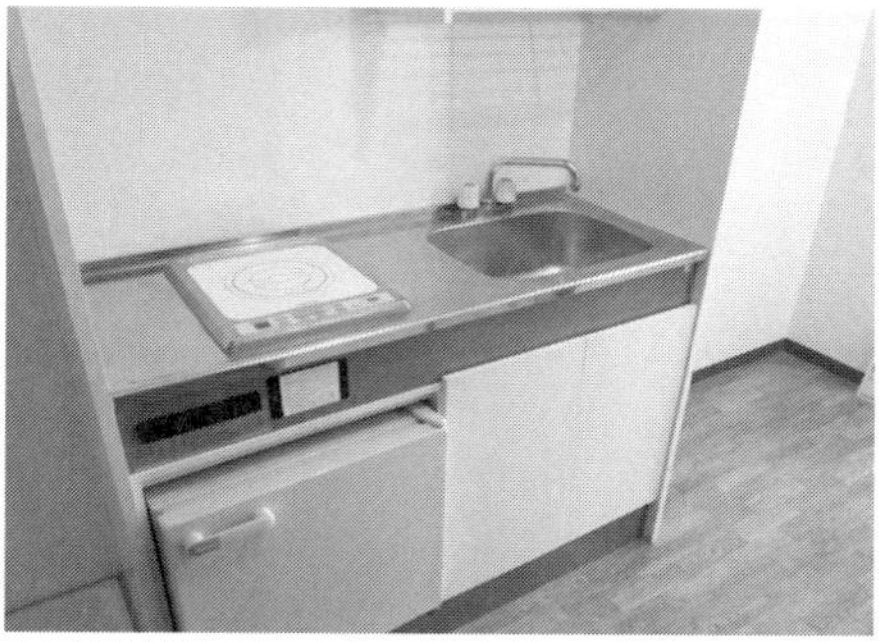

古い物を外してホームセンターに持って行き、同じものを購入する。ネットで購入するとさらに安く買うことができる。

ーの交換についてです。一番簡単な方法は、外してから「これに合うものはどれですか」とホームセンターに行って聞き、対応するものを確認して交換していきます。電熱式のヒーターからの交換が多く、一口のIHクッキングヒーターはインターネットでの購入で1万2000円程度と安くすみます（外し方、設置方法はYouTubeで確認できます）。

■戸建てならできるだけシングルレバー水栓を入れる

水道のカランは、シングルレバー水栓に換えなくても新品にするだけで十分で、5000円ほどですみます。ポイントは「新品」ということをポップで謳うことです。

これはクロスやCFなどにもいえることですが、**「新品です」と書くだけで印象度**

はぐっと高まります。重要なのは「新品であるかどうか」で、おしゃれでなくても、使いやすくなくてもいいのです。清潔感が大事です。

ただ、この考え方は家賃によって変わります。戸建てなら水道のハンドルはシングルレバーにしたほうがベターです。シングルレバーの水栓は見た目がきれいなので、交換したほうがセールストークにもなります。

キッチンはシングルレバー水栓（メタル式7000円）、浴室はサーモスタット付き混合水栓（メタル式1万5000万円）がおすすめです。

もし換えない場合は、「シングルレバーの水栓がなくてもリモコンで給湯の温度設定ができますよ」とポップに書けば納得してもらいやすくなります。初心者からすると水まわりの整備は難易度が高く感じるものですが、ジョイフル本田（茨城県を中心に関東地方にある大型ホームセンター）に簡単に取り付けができるキットが売っています。

シングルレバー水栓

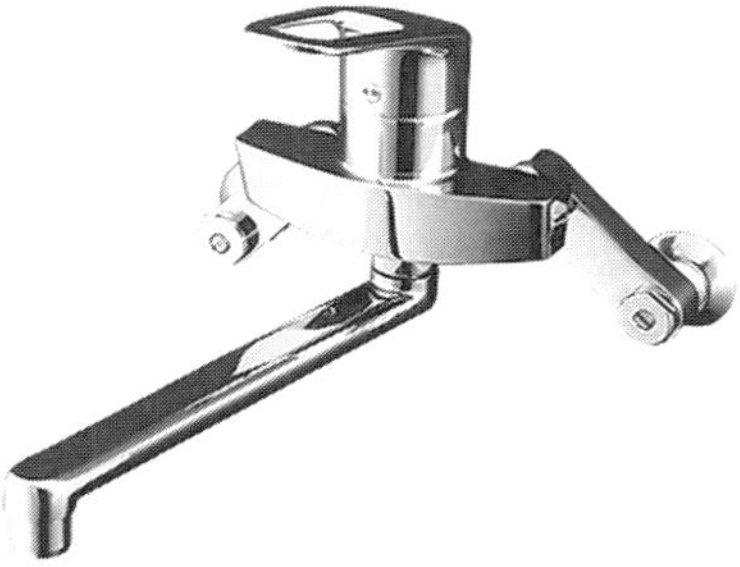

シングルレバーの水栓は見た目がきれいなので、交換したほうがセールストークにつながる。

注意点として、水栓金具の交換はほかのＤＩＹに比べて難易度が高く、入居後に水漏れがあると追加費用がかかり、二度手間になる可能性があります。そのため、YouTubeで交換方法を詳しくチェックして慎重に行なってください。

いずれも調整金具の購入が必要なため、プロパンガス会社に材料のみ施主支給（オーナーが購入して支給すること）して、交換のみ無償で行なってもらえるかどうかを交渉しましょう。

■玄関には「人感センサー」が付いたＬＥＤ照明を付ける

照明に関して行なっている私の工夫は、かなり特徴があるかと思います。人が入り口に近づくと自動で点灯する照明を付けているからです。蛍光灯のような細長いタイプはダメなのですが、電球式であれば人感センサーが付いた電球があり、値段も１０００円ほどで購入できます。注意点としては、設置箇所が斜め向きのタイプだとうまくはまらないので、下向きに付けられる器具で設置することです。ただ、昔の家だったらほぼ下向きなので、問題ないはずです。

築年数が浅い部屋の場合は、斜めになった「ミニクリプトン」（口径Ｅ—17）が使われることも多いですが、小ぶりなのに値段が高いです。普通の電球の口径は「E―26」です。ホームセンターなどで購入すれば返品もできますが、ネットで購入すると返品ができないので気をつけてください。

なお、アパートの場合、引っ掛けシーリングにLED照明を付けます。YAMAZENのものであれば、人感センサー付きでも4000円ほどで付けられるので強くおすすめします。これだけでも印象がかなりよくなります。

また、部屋の照明は、古い物件を買うと、引っ掛けシーリングから紐が伸びて照明からぶら下がっているタイプが多いですが、天井が狭く見えるため、必ずシーリングライトに換えましょう。

一見、和室はシーリングライトは合わないように思えますが、そんなことはありません。シーリングライトとカーペットに換えるだけでも部屋の雰囲気がぐんとよくなります。

YAMAZENのLEDミニシーリングライト

引っ掛けシーリングに人感センサー付きLED照明を付ける。4000円で設置できるが、これだけでも印象がかなりよくなる。

最近はＬＥＤのシーリングも安くなっており、アイリスオーヤマ製のリモコン付きＬＥＤシーリングライトもおすすめです。メーカー保証は1年ですが、24時間付けていても2～3年は持ちます。ホームセンターのオリジナルブランドであれば、セールの時期で３９８０円くらいまで値下がりします。ネットでも購入ができます。

ちなみに、外の蛍光灯の交換を業者に設置を依頼すると、２００円くらいの蛍光灯を取り付けるだけでも３０００～４０００円かかるので、物件に行くタイミングが合えば自分で作業するに越したことはありません。

【ステップ③】管理会社への支払いを増やす

■広告料を増やすよりも「家賃の値下げ」や「設備の向上」を図る

地方の築古物件の場合、ここまで紹介してきたノウハウを駆使しても、入居が決まらないケースもあります。そんなときに行ないがちなのが、「管理会社への広告料を

2倍にする」ということです。広告料を2倍にすると、たしかに管理会社は「がんばります」とはいってくれます。しかし私の経験上、実際の成果として出てくることはそれほど多くありません。

ですから、**広告料を増やすことよりも、「家賃を下げる」「設備を充実させる」ことに力を注いでください。**

「売却を考えるのであれば賃料を下げていいのか？」と思う人もいるでしょうが、まずはキャッシュフローが大事です。**全室満室にすることを最優先にしてください。**

空室がある場合、まずは家賃を極端に下げて一刻も早く満室にしましょう。そこから段階的に家賃を上げていけばいいのです。

ただし、「管理会社への広告料を増やしても効果がない」と書きましたが、同じ地方でも、投資家が多い地域などでは効果があります。田舎はライバルが弱いので賃料を下げれば満室にできますが、投資家が多いエリアはドラクエでいうところのライバルのレベルが中ボスや大ボスに上がります。そのため、賃料を下げれば満室にできるという簡単な図式は成り立ちません。

■賃料と共益費を分けて記載して、上位表示させる

もうひとつ、満室にするための大切なポイントがあります。それは「賃料と共益費を分けて記載する」ということです。

例えば、HOME'Sで検索すると賃料順で表示されます。賃料と共益費のトータルが2万9000円だったとして、「賃料2万9000円」で掲載すると、なかなか上位に表示されません。

しかし、「賃料2万円（+共益費9000円）」にすると、一番はじめのほうに表示されます。これだけで物件情報を見る人の数がぐんと増えるのです。

以前、「最初の3か月だけ1万円くらい安くするのはダメですか？」と管理会社に聞いたところ、「うちの会社の基準だと1年は継続しないとダメです」といわれたことがあります。そのため、**たとえ賃料を大きく下げても、入居者が決まることが優先です。**1年以内に退去したらペナルティが発生するようにすればいいのです。それだったら物件を売るときにも影響は出ません。

また初期費用を無料にするのも効果的です。賃料を下げることよりインパクトはあ

りませんが、入居者が最終的なジャッジをする際に大きな要素となります。ただ、初期費用ゼロだと、入居者の質が悪くなる恐れがあり、管理会社も嫌がることが多いでしょう。そんなときは、仲介手数料を半額にする、敷礼をゼロにする、保証会社契約をマストにするなどの工夫をするといいでしょう。

■入居者負担と賃貸リスクを合わせて考える

意外に知られていないのが、仲介手数料の免除です。仲介手数料はだいたい家賃の1か月分かかりますが、これをオーナー負担にするのです。

ただ私の場合、敷礼ゼロにして、前家賃を1か月分だけもらうようにしています。私が見つけてきた入居者は仲介手数料を半額にしており、火災保険料は入居者負担にしています。家賃4万円の物件だったら、入居者の初期費用は5万円くらいのイメージです。

お金がない入居者の場合は分割にすることもあります。ただ、こうした場合は保証会社からの承諾がほしいところです。保証会社が認めれば賃料は間違いなく入ってくるからです。

また、保証会社を嫌がる入居者の場合（年収300万円くらいだと年間1万～2万円は大きいので、避けたがる人も多いです）、保証会社へのお金をオーナー負担にすることもあります。ただ、そういう人の場合、電話連絡も通じなかったり、家賃を滞納したりなど、入居者の質が悪い傾向があります。とくに地方は家賃が安い分、お金がない人が入りやすいので注意が必要です。

■ジモティーで集めた情報を管理会社と共有する

ジモティーなどで募集をかけると、「今すぐ引っ越したい」という入居候補者から連絡がくることがあります。大家に直接お願いすれば入れてもらえるんじゃないかと思っているのか、突然電話がかかってくることがあります。

この場合、私はそういった人の情報を集めて管理会社に渡しています。これは宅建業法的にも「自己発見取引」に該当するため、問題ありません。ただ、自己発見取引を禁止する会社もあるので注意が必要です。

また、入居者に「私を経由して契約してくれれば謝礼をあげます」というのもいいでしょう。私はこれまでマンション営業も経験しているので、いかにお客さんを見つけてくるのが大変かを知っています。ですから、ジモティーから仲介会社にパスするのは何らおかしいことはありません。

ただ情報を渡すときは、名前や電話番号はもちろん、来訪日時などをあらかじめ聞いておきます。そうすることで、不動産会社にも迷惑がかかりません。ＨＯＭＥ’Ｓやアットホームなどに載せる場合、あまりに安いと掲載不可になりますが、ジモティーの場合はオーナーが直接入居者を探せるので、思い切った値引きができるのが魅力です。

大切なのは「建物に合った手入れ、改善」客層をイメージすること

私がおすすめする、田舎の築古物件を運用していく投資法について、「こうしなければ満室にならない」という先入観を持たれることは少なくありません。

クロスが少しでも汚れていたらダメ、クッションフロアのデザインが古かったらダメなど、「自分が入居者だったとしたら嫌だな」という視点で思い込んでいるのです。

しかし、**築古物件にどんな層の人が住むのかがしっかり想像できていれば、先入観を払拭できます。**

例えば、家賃が安いことを最優先にしている、しかもペット可の物件を探している人であれば、ＣＦを新調する必要はまったくありません。その代わりにカーペットを敷くことで、防音ができたり、汚れを防いだりできます。

田舎の築古物件だと、家賃を大きく上げることは難しいです。そのため、私の場合、犬を飼っている人だったら敷金を１か月分上乗せしたり、猫は犬よりも室内が荒れやすいので２か月分上乗せしたりします。

犬はまだ大丈夫なのですが、猫はいろいろなところに引っかき傷を残しがちです。柱がボロボロになったり建具に傷が付いたりすることもあります（引っかき傷はニスを塗ることで傷を目立たなくさせる方法があります）。

ここでいいたいのは、**修繕は入居ターゲットに合わせて最低限でいい**ということです。入居者のターゲットの把握ができておらず、むやみに修繕をすすめてくる管理会社もいるのは確かです。しかし、部屋をきれいな状態にしておくことは、都会エリアに住む、ある程度の家賃を支払っている人の目線です。もしそれでも自信がないのなら、現状の写真を撮って「きれいなほうがいいなら張り替えますが、いかがしますか？ただ新調する場合、その分の費用は家賃を上げることでご負担いただきます」と紙に書いて部屋に貼り付けておき、入居者に判断を仰げばいいのです。

もし入居希望者に新調したいといわれたら替えましょう。量産クロスのカタログを置いておけば、さらに話がスムーズに進みます。ただ、多くの場合（とくにペット可の物件の場合）、「現状のままで構いませんが、汚しても原状回復しないでいいですか？」と聞かれることが多いです。

原状回復とはもとの状態に戻すことで、基本的には入居者は退去時にきれいな状態に戻さなくてはいけません。とくに室内でペットを飼っている入居者の場合、現状のままで退去できるほうが費用は安くすみます。それに対して「いいですよ」と回答するわけです。これによって、オーナー側もクッションフロアの張り替え費用を節約できますし、入居者も気がねなく暮らすことができます。

同じように、クロスについても自分で拭いてきれいにすれば、多少黄ばんでいても問題ありません。私の場合、セスキ炭酸ソーダと車のウォッシャーブラシを使って洗浄しています。

部屋の状態は、転売するのならきれいにしておくべきです。しかし賃貸に出すなら、入居者は自分の所有物だと思っていないので、退去時にお金がかからないほうを選びます。ですから、「こんなに汚かったら誰も借りてくれない」と思い込まず、本当に必要な箇所のみ修繕するという考え方が大切です。

不動産会社へのヒアリング

どれくらいの修繕を行なえばいいのかを決める際に必要なのが、不動産会社へのヒアリングです。ヒアリングを行なう際は、1社だけでなく複数社に聞いて「中間値」を取るようにしてください。

まず、大手は真摯に対応してくれる可能性が高いので、大手の不動産会社にはすべて聞き出しましょう。逆に、地元の不動産会社からは冷たくあしらわれる可能性もあるので、できる限りという認識で大丈夫です。次から、ヒアリングのポイントを3つに分けて解説します。

①貸すにあたって最低どこまで修繕すべきか？

現状を伝えたうえで、修繕の最低ラインを聞き出しましょう。

例えば、「シャンプードレッサーにしたいのですが、それで賃料は上がりますか？」といったイメージです。シャンプードレッサー以外でも、キッチンだったらシングルレバー水栓、お風呂場だったらサーモスタット付き水栓などが考えられます。サーモスタットは、ホームセンターに行けば1万5000円ほどで購入できます。取り付けはプロパンガス会社に交渉して交換してもらいます。そのほか、クロス、CF、襖、照明なども不動産会社に相談しましょう。

ヒアリングする際は、ひとつずつヒアリングします。そうすると、どんどん回答してくれるはずなので、複数社に聞いた時点で中間値を取ります。なかには「全部替えたほうがいい」という業者もいるかもしれません。もしそれが1社だけだったら要検討にし、複数社からそう指摘されたら替えるようにしてください。

不動産会社で働く人は歩合制が多いので、自分のいうことを聞かない大家さんを相手にしている時間はありません。ですから、100％鵜呑みにすることは避けるべきですが、複数社から同じようなことをいわれたのならそれに従いましょう。「この大家さんはいうことを聞いてくれる人だな」と思ってもらうことは大切です。

100~200戸を所有するようになると、空室に対しての抵抗がほぼなくなります。50戸くらいだとまだ不安に感じることがあるかもしれません。ただ、所有戸数が増えるごとに経験が増すため、業者の見分け方が自然と身に付くようになります。

②「+αの修繕」をすると賃料がいくら伸びるか?

次に、家賃を更新時に上げたいと思ったときに、何をすべきかをヒアリングします。もし売却を見据えている場合、それなりの家賃で貸し出していたほうが高く売れます。そのため、業者から「これを入れると賃料が伸びますよ」といわれたものは積極的に取り入れたほうがいいでしょう。

私がよく話すテーマで「一番簡単な利回りを上げる方法」というものがあります。「家賃を○○○○円下げれば入居者が付く」と業者から提案されることがよくありますが、このとき「イエス」と答えてはいけません。家賃を下げると利回りが下がります。その分だけ、売却時に高値で売れにくくなるからです。ですから、どうやって「イエス」といわないで乗り切るのかが重要になります。

私は**「月々の家賃を下げる代わりに、半月分、家賃を無料とします」**と答えています。もし「半月だと決まらない」といわれた場合は、最高で1か月まで無料にしています。

不動産会社としては、「料金を下げた」ということさえしてもらえれば、家賃の減額ではなく、初期費用負担の軽減で十分と思っている場合がほとんどです。

この提案をするときのポイントは「その場で決めさせる」ことです。例えば、家賃2万円の物件に対して、毎月の家賃を1000円減額することを相談されたとします。このとき、「その代わりに1か月分（2万円）無料にしますよ」と答えるわけですが、「ただその代わり、今決めてください」と押し切るのです。こういった押しの強さは新米の大家さんには難しいかもしれませんが、非常に重要なことです。

不動産会社には、フリーレントにするか、毎月の家賃を下げるというような選択肢を持っていることにして、入居候補者の前で演技をしてもらいます。そうすることで、交渉がスムーズに進むようになります。

いずれにせよ、簡単に月々の家賃を下げるのは利回りの低下につながるので、安易な選択は避けるべきです。よく不動産投資本には、「空室が続くと、その分の収入・

機会ロスになるから、多少家賃を下げてでも入居者を入れましょう」と書かれています。しかし、そこに「フリーレント」という選択肢があれば、少なくともデメリットはありません。相談するのはタダですし、不動産会社が提案するのもタダなので協力してもらえます。

ただし、繰り返しになりますが、大事なのは「その場で決めてもらうこと」です。

③この物件に決めてくれる客層の優先順位は？

物件を選ぶとき、どういう客層が入るかと考えるはずです。例えば、2LDKなら新婚の2人で5年くらい住むだろう……というようなイメージです。

当然、そのイメージに合わせてリフォームをしないと、前述の例のように、必要以上にお金がかかり、逆に客層のニーズを満たしておらず、空室が埋まらないということになりかねません。そのため、物件に対してどんな客層がターゲットになるのか、しっかりと確認する必要があります。

あらかじめインターネットで調べた賃貸ニーズをもとに、通勤に便利な工場、病院、ショッピングモールなどの職場があるのか、その会社に家賃補助があるのか、どんな年齢の人が住むのか、転勤があるのかなど、わかる範囲で仲介会社にヒアリングします。

近隣のニーズによっては40㎡以上の広い部屋にもかかわらず、単身者がターゲットになる場合もあります。先入観は禁物です。

第4章

成功する投資家は知っている「賃料が値崩れしない優良エリア」

賃料が暴落しているところを買ってはいけない

一般的に田舎の場合、賃料相場が暴落しているエリアは珍しくありません。しかし、そうでないエリアもあるのは事実です。

例えば、私の地元・石川県の金沢市は、賃料相場がそこまで崩れてはいません。利回りは埼玉県などとほぼ同じ程度です。新幹線が開通したことによって観光地としての地位を獲得したのが大きな要因だと考えられます。

賃料相場を確認する簡単な方法は、ＳＵＵＭＯ、ＨＯＭＥ'Ｓなどのウェブサイトで調べることです。

まず、地名や駅に絞って、家賃の安い順で検索していきます。そのとき最安値の価格が、ワンルームの場合１万円台になっていたら、投資対象外エリアの可能性が高いといえます。

ただ、修繕の問題もありますし、私の所有物件がある茨城県のとある市も１万円台ですが、安く買っていて満室経営ができているので、一概にダメというわけではありません。しかしその分、投資の難易度は上がります。

ちなみに、初心者がアパートを買うのであれば、ワンルームの賃料相場が3万円以上のエリアをおすすめします。3万円くらいでしたら、はじめて聞くような場所の物件でも十分に見つかるはずです。

不動産屋の実態を知ろう

不動産コンサルタントの多くは、仲介会社に紹介した顧客が成約したら報酬をもらっているケースが多いため、高価格帯の物件を買わせようとしている、という話を聞くことがあります。もし本当なら悪質だと思いますが、そういう業者は少なからず存在するようです。ひどいケースだと、満室なのにキャッシュフローが出ない物件を売っているという例もあります。

ただ、厳しい言い方をすると「投資は自己責任」という言葉があるように、**投資の**

世界ではだまされるほうが悪いとみなされます。これは株やFXでも同様ですが、とくに不動産投資の場合、地面師のようにだます側もプロフェッショナルなので、いくら注意してもだまされるときはだまされます。

これはある人から聞いた話です。何人かの不動産コンサルタントは、儲からない物件を何億円分も買わせていて、2億円の物件を売ると、仲介手数料で片手で約600万円、その半分をキックバックでもらうということが起きているということでした。

ほかにも、売買契約の手数料の5％をバックしてもらっている投資家もいるようです。また、海外不動産投資においても一般の投資家には見抜けない方法で、自分たちが儲かる仕組みを確立しています。

しかし逆にいえば、安い物件を狙えば、そういった悪質なコンサルタントにだまされる可能性は激減します。詐欺師というのは、得てしてお金持ちのまわりに集まるものです。その道のプロは3年間合計1000万円くらいおごり続けて、最後に1億円を回収するという手もあるようです。

私は実家が地主だったので、そういう怪しい人たちを何人も見てきました。普通に会社勤めをしていると、こちらの世界を知らないかと思いますが、投資の世界は金に群がる狼が多くいます。話も上手で身なりもしっかりしているので、なかなか見抜くのは難しいものです。

田舎には「賃料が値崩れしていない優良地域」がたくさんある

まず基本的原則として知っておきたいのは、「賃料は需要と供給によって決まる」ということです。これは都心でも田舎でも同じで、例外はありません。したがって、田舎だから安いというわけではなく、そのエリアの独自のルールを把握する必要があります。

例えば、日本の地方では敷金・礼金はともに0円のエリアが多くありますが、そうではないエリアもたくさんあります。管理費を取らない管理会社もいるほどです。そういう会社は、修繕費で稼いでいるか、もしくは小さい町であれば、賃貸と売買を両方おさえている場合もあります。そうすれば、物件に自社の看板を掲げられて広告代わりにもなるからです。いずれにせよ、先入観を持たずに優良地域を見つけるようにしましょう。

ここでもおすすめは、SUUMOかHOME'Sで最寄駅または地域を検索し、安い順で並べ替えてみましょう。そうすると、相場が見えてきます。

ここで大事なのは、「相場で貸そうとしないこと」です。貸すことが目的ではなく、満室にすることが目的なので、相場よりも安くしなければなりません。

ただ、低い賃料を上げるのは非常に難しいですが、逆に下げるのは簡単です。つまり、相場を知ることは大事ですが、実際にはその価格よりも下げたことを想定しないと、満室経営にするのに時間がかかるということです。

一見、無理だと思うエリアこそ、勝負する価値がある

よほど値崩れしていないエリア、あるいはある程度きれいな状態の戸建てなら、5万円の賃料は取れます。例えば、私が新米投資家さんにコンサルティングをした案件での話です。埼玉県のとある駅から車で20分のエリアの物件がありました。地震の影

響を受けていた場所なので、最初は不安を抱かれましたが、「絶対大丈夫だから」と強くおすすめしました。結果、２４５万円で現金一括購入してもらい、約１００万円かけて修繕し、今は６万８０００円で貸し出しているということで、非常に満足していただいています。

その物件を購入した新米投資家さんに最初に話したことがあります。「楽をしたい人には不動産投資はすすめません。実際に１回買って学ぶために、まずは買ったらリフォームがてら、何度も物件を見に行ってみてください」とアドバイスをしました。

その後、彼は何回か見に行くうちに、近所の人に顔を覚えてもらい、ちょうど隣の物件が売りに出されていることがわかりました。それで私は購入するよう彼にすすめたのです。修繕の際には、彼はＤＩＹが好きだったこともあり、ご自身でクロスも張り替えました。

ただ、地震の影響を受けたエリアだったこともあり、その影響が物件に出ているかもしれないと思い、「傾きはきちんと確認したほうがいいですよ」と忠告していたのですが、彼は見落としたまま購入してしまいました。実際に、多少は傾いていたようですが、彼はジャッキを３万円くらいで購入し、自身で傾きを直していました。

ジャッキアップは機械が自動的に上げてくれるもので、一般の人でも使うことは十分に可能です。しかし、使いこなすには難易度は高いので、購入時にはやはり傾きにはとくに注意してください。話を戻しますが、そのエリアは新興住宅街で区画もしっかりしており、5分以内に大きなスーパーやドラッグストアもあります。駅からは距離があるものの、地方は車社会なので気にすることはありません。建物の傾きさえ直せば、十分に採算が取れる物件だと私は判断していました。

その後、駐車場の地面に穴が開いているのを見つけたと、後に彼から相談されました。おそらく地震の影響で地盤沈下が起こったのでしょう。できた亀裂は放っておくと傾く可能性があるので注意が必要です。しかし、これは、セメントを流すことで解決しました。

よく不動産投資本には「基礎に亀裂が入った物件は買ってはいけない」と書かれていますが、値下げして買えるのであればいいと思います。亀裂が入ると、なかに入っている鉄筋コンクリートが爆裂して、基礎が弱くなります。とはいえ、鉄筋部分が多少出たとしても、サビた部分にサビ止めをつけて、あとはセメントをかぶせれば大きな問題はないケースも多いです。

この物件は入居者がちゃんと決まりました。4LDKで90㎡の広い物件でしたが、戸建てでは、広さが重要なポイントになります。広ければ汎用性が高く、入居者に困ることはありません。

広すぎてダメということはありません。たとえ人数が少なくても、物置として使えるからです。この物件でも、70〜80代の老夫婦がゴールデンレトリバーを連れて入居しました。もともと地縁があったわけではなく、福島から来たそうです。そういう例は決して珍しくないと思っています。

最終的に、部屋が汚れてしまったとしても、そもそも３００万円くらいで物件を購入していれば売却はできます。これが５００万〜６００万円だと、売却したマイナス分が増え、厳しいだけの話です。この物件は３５０万円で利回り25％近くで購入したので、４年ほど貸していればもとは取れます。

繰り返しになりますが、「田舎だから入居者が決まらない」「ペット可だと面倒なことになりそう」というような先入観は捨てて、まず買ってみてください。すべてはそこからなのです。

物件にほれるな！　数字にほれろ！

戸建ては賃料を下げれば入居者は決まります。もちろん、千葉の房総など、山や田んぼの真ん中にポツンとあるような物件は避けるべきですが、そういう物件は少数派です。90㎡くらいあって、家賃3万円台というのは私もそうそう見たことがありません。

ですから、まずはネットで全体的に家賃の価格が高いエリアのなかから、安い（あるいは安くできる）物件を買うことが大切です。「エリアありきではなく、物件ありきで考える」ということです。**知らないエリアはそもそも探しようがないので、まずは知っているエリアから探していきましょう。**少しずつ勉強して、勝負できるエリアを拡大すればいいのです。

重要なのは、「物件にほれるな、数字にほれろ」という考え方です。不動産選びは、いわば結婚と似ています。外見に惑わされて、中身（数字）をおざなりにしてしまうと、あとから「こんなはずじゃなかった」と後悔することになります。

会社員の場合、平日は仕事なので物件を見に行けるのは土日がメインになります。すると、物件を見た途端、その物件に執着するようになってしまうのです。不動産投資は、執着したら負けです。潔く売る。数字を見てよければ買う。これが肝要です。

不動産会社の立場で考えても、執着したお客さんは嫌がられます。知識があることを下手にアピールしすぎると、「たった3％の仲介手数料しかもらえないのに……うるさい人だな。この人は契約したあとからでも面倒なことをいってきそうだな……」と煙たがられるわけです。

もし不動産会社を手玉に取ろうとするなら、会社員の常識は通用しません。不動産業界には平気でウソをついたり、お金に関しては汚いことを平然と行なったりする人が当たり前のように存在しています。コンプライアンスの意識が低い人も多くいます。

ですから、とくに田舎の不動産会社の場合、相手から少しでも「なんだか面倒くさそうな人が来たな」と思われたら、「帰ってくれ」と平然といわれることもあります。女性の投資家だと、「そもそもあなたが買えるんですか？」「決定権はあるんですか？」

などとたたみかけられたこともあると聞きました。そうならないために、実績のある人から紹介してもらうか、自分に決定権があることをアピールしましょう。ほかに不動産会社の信頼を勝ち取る方法として、預金通帳を見せるのも有効です。

いずれにせよ、重要なのは信頼できる不動産会社、もしくはコンサルタントを見つけることです。例えば、大学の同期が不動産会社に就職しているのであれば、相談してもだまされる可能性は低いはずです。こうした人脈はどんどん活用してください。

ただ、そもそも地方の戸建てはだます人がいないに等しいというのが大前提としてあります。そのため、地方一戸建てを早く買うことはおすすめなのです。

買う前に聞け！ 管理会社・賃貸仲介会社へのヒアリング法

相場を調べ、目ぼしい物件を見つけたら、不動産会社に電話して「この物件、家賃を5000円下げたら決まりますかね？」などと軽くヒアリングしましょう。ここでのポイントは、**メールではなくて電話で行なうことです。**第3章132ページではリフォームについて主に聞いていますが、ここでは賃料相場やニーズを中心に聞いていきます。

不動産会社の探し方は、「物件最寄り駅＋不動産会社」をウェブで検索します。ローカル駅よりターミナル駅の会社に聞いたほうがいいでしょう。大手の会社も含めて、まずは2～3社ほど聞きます。最初は電話でのヒアリングになりますが、購入前にはなるべく店頭まで行って、直接対面で聞くことをおすすめします。

次に話し方、順番、聞く項目などをまとめたので参考にしてください。

■不動産会社とうまくいきやすい話し方

まずは次のように聞いてみます。

「個人で不動産を購入しようと考えていて、○○市○○町の戸建てを今おさえたいと思っています。管理会社を選定するにあたって需要など、いくつかお教えいただきたいので、賃貸についてわかる方はいらっしゃいますか？」

ここで「購入を検討している」ではなく、「今おさえたい」という言い方をするのは、あえてです。すでに買うつもりという前提で言い切ることにより、「この人は買う見込みが高い」と思ってもらえます。管理会社のお客様になる見込みも高いと思ってもらえるので、それだけ真剣に回答してもらえる確率が上がります。

その際、物件名を伝えるかどうかですが、「伝えてはいけない」というケースもあるので注意しましょう。というのも、管理会社、仲介会社に横取りされるケースがあるからで、初心者はとくに注意が必要です。

ヒアリングの際に名前を名乗らない人もいるようですが、自分の名前と連絡先は伝えてしまって大丈夫です。検討後に買わない場合には、「御社の情報をもとに買うよう動きましたが、現金で一括で買うお客さんに買われてしまいました」、もしくは「ローンが通らなかった」など、状況に合わせた説明を行なうことで対処できます。

■不動産会社へのヒアリングの順番

最低3件のヒアリングを行ないます。1件目の電話時は管理会社・賃貸仲介会社に話す練習として意識します。そして2件目では、1件目で聞いたことを、自分がさも知っているかのように話してください。3件目では、1、2件目で聞いたことを、さらに自分が知っているように話します。

ポイントは、自分の意見を述べてから話すことです。それによって「こいつはだませない。話のわかるヤツだから教えてやってもいいかも……」と思われる可能性が高くなってきます。

■不動産会社へのヒアリングリスト

具体的に聞く項目19個をまとめました。参考にしてみてください。

質問① 管理料の確認

「○○町の物件なのですが、もし御社に管理をお任せする場合、管理料はいくらですか？」

最初にこう確認することで、相手はこれから話す質問について、こちらの話に答えてくれやすくなります。

質問② 入居者のターゲット

「この物件に対して需要はあるか？」「入居者のターゲットとなる属性（学生、近くの○○工場勤務の単身者、新婚とか）は何か？」を聞きます。女性向け、男性向けのほか、単身向けかファミリー向けなのかを確認します。ターゲットがファミリーの場合、小中学校までの徒歩でかかる時間、コンビニだけでなくスーパーマーケットが近いかなども確認しましょう。ちなみに女性向けの物件であれば、治安的な要素を気にするケースが多いです。

質問③　駐車場の台数

「駐車場は何台あって、住戸数以上の駐車場が確保ができているか。なければ近隣駐車場はどこにあるのか？」を聞きます。田舎は車社会であり、駐車場がないと致命的なので入居者が決まりません。

質問④　物件のメリット・デメリット

「この物件のメリット、デメリットは何か」を自分の意見をもとに質問してください。物件の印象や賃料次第で決めやすい物件かどうかを聞きます。

質問⑤　敷金・礼金・広告料・更新料の相場

敷金・礼金・広告料・更新料の相場の確認をします。敷金・礼金が取れるエリアや、広告料が少なければ客付けに強いエリアだという判断ができます。

質問⑥　家賃相場

成約家賃相場と、「御社が3か月を目処に決められる自信のある家賃はいくらぐらいか？」を聞きます。

質問⑦　地域最安値の家賃

「最初は満室を優先させるため、地域最安値にしたい」と説明し、いくらなら決まるかを聞きます。高く貸すのは安く貸すより100倍難しいため、あえて低い家賃を設定します。相手の返事を受けてから、その賃料で得たい利回りが確保できるかも再度計算してください。

質問⑧　広告費

地域最安値の賃料に設定した前提で、「2か月分の広告費をお渡ししたら、御社なら何か月で満室にできますか？」と聞きます。できれば「3か月以内」という回答がほしいところです。

質問⑨　空室率

物件周辺の同じような年数、間取りの物件の空室率がどのくらいかを聞きます。これは需要を知るためです。

質問⑩　生活利便施設

物件周辺に生活用品などを購入できる店が近くにあるかを聞きます（スーパーマーケット、コンビニ、ドラックストアなど）。

質問⑪　生活保護の月の支給額上限

生活保護の月の支給額上限はいくらかを確認します。１人暮らしはいくらなのか、ファミリーではいくらなのかの、両方を聞きましょう。地域によっては相場賃料を上まわる可能性もあります。

質問⑫　需要変化の兆し

この地域にある大学の移転や、大手工場の閉鎖などの予定はないかを確認します。震災などがあれば、その影響による空室または入居への動きはあるかを聞いて、需要変化の兆しを知ります。

質問⑬　物件やその近隣の歴史を聞く

近隣に変な人が住んでいないか？　事件や事故はなかったか？　物件で殺人、病死などがなかったかなどを聞きます。可能ならば、近所の人に聞いてみるのもいいかもしれません。

質問⑭　競合物件のスペック

物件周辺に似たような間取り、設備などの物件があるかを確認します。新築予定の物件があれば、建築中、建築途中の物件はあるかなど、競合物件についてを確認します。それらに勝たなくてはならないので、どんな物件かという概要も聞いておきます。

質問⑮　物件周辺の嫌悪施設・土地の高低差

物件の近くにお墓やゴミ処理場などの嫌悪施設などがあるか、また、物件のまわりに坂があるかを聞きます。これらがあった場合は弱みになるため、対策を立てる必要があります。

質問⑯　プロパンガスの地域かどうか

プロパンガスの地域であるかの確認をします。とくに近隣もプロパンガスかどうかを確認します。プロパンガスのエリアであれば、入居者のガス代が都市ガスに比べて高くなります。反面、プロパンガス業者からのサービスが期待できるので、事前に確認しておきます。

質問⑰　土地売買のニーズ

土地が売買される場所の確認をします。物件が戸建て用地としていくらで売れるのか、もしくは店舗やアパート再建築のイメージが付くか、土地に値段が付くかを聞きましょう。

質問⑱　必要なリフォームの内容

この物件ではどこまでリフォームをしたらいいかを確認をします。とくに、どのレベルの工事をしたら賃料を上げられるかを中心に聞きますが、実際のところ、ほとんど上げられないケースが多いです。

次に、レベル1〜3までリフォームの段階を説明しますが、ほとんどの物件ではレベル1の工事で十分です。レベル1はいわれなくても行なう内容で、レベル2、レベル3を行なうべきかをヒアリングします。

●レベル1

絨毯をCF貼り、もしくはフローリング、汚れたクロス・襖の張り替え。LEDシーリングライトの設置。畳にウッドフローリング、もしくは折りたたみカーペットを敷く。キッチン扉にカッティングシート（赤）などを貼る。古い取っ手・カランを交換。蛍光灯・換気扇のヒモの交換、もしくは折りたたみカーペット、または畳の表替え。照明拭き。アップライト・カーテン・ゴミ箱の設置。汚れたシャワーホース、シャワーヘッドの交換。汚れたトイレットペーパーホルダーの交換。汚れた浴槽の鏡（棚付き）への交換。汚れた水道の蛇口の交換。スイッチプレートの交換。姿見設置、玄関土間のCFの貼り替え。玄関に引っ掛けシーリングがあれば人感センサーライトの設置。物件まわりの植栽剪定。汚れた集合ポストをステンレス製に交換。

●レベル2
キッチン・洗面台の交換、インターフォンの設置、アクセントクロスの張り替え、壁掛け収納。

●レベル3
外壁・鉄部・屋根塗装、敷地に余裕があればトランクルームの設置（差別化のため）。

質問⑲　家具・家電付きについて

家具家電設置（とくに家電＝洗濯機、冷蔵庫、電子レンジ）で客付けに効果があるかを聞きます。

最低賃料を必ずチェックする

よくやってしまいがちな失敗は、相場賃料を調べ、それに合わせて賃料を決めてしまうことです。**相場で貸そうと思うから、不必要なリフォームをしたり、無駄な空室**

期間が出たりするのです。相場よりも「最低賃料」を必ずチェックするようにしましょう。

最低賃料をチェックする際は、ＳＵＭＯとＨＯＭＥ'Ｓで検索します。確認するのは、あくまで「賃料」のみで、それ以外の情報を確認する必要はありません。

そして一番重要なのは、管理会社・客付会社にどう動いてもらうかです。最終的に入居者を付けられるかどうかは、データも大事ですが、営業マンの感情によって決まります。そのため、ネットの情報はあくまで参考程度に考えてください。

賃料だけ確認して大丈夫だと思ったら、管理会社に電話でヒアリングを行ないます。大手フランチャイズから優先的に電話をすることをおすすめします。というのも、大手フランチャイズは対応が親切だからです。地元業者だと忙しいケースが多く、対応を間違えると相手にされないことが大半です。

もし大手フランチャイズがないエリアの場合、アットホームで地元業者を探しましょう。あるいはウェブで「〇〇（最寄駅）　不動産　賃貸」と検索すると、簡単に見つかるはずです。

空室対策は学ぶ必要はありますが、そもそも大家業とは、難しいビジネスではありません。「安く買う」、これだけで勝てるビジネスなのです。

ただ、安く買えるのは、今の不動産市場では築古の「戸建て」「小規模なアパート」程度かと思われます。あと2～3年後であれば、ＲＣ造や鉄骨造といった一棟物件もさらに価格が落ちて安く買えるかもしれません。

しかし、今資産を築きたいのなら、築古の「戸建て」「小規模なアパート」が勝てる可能性が高いでしょう。そして、安く買える戸建ては、今後規模を大きくしたい人たちにとって、ちょうどいい練習台になると思っています。

不動産の適性は運用しながら知っていく

今、不動産投資の中上級者は、物件を買わない人も多いです。なぜだと思いますか？

それは、今が売りどきであって、買いどきでないことを知っているからです。もちろん、日々新しい手法を模索しながら、最前線で売ったり買ったりする一流投資家もいます。私はどちらかというと、購入時に一目ぼれをしたら失敗すると思っているので、必ず数字に置き換えて判断するようにしています。物件を好きになってしまいそうになったら、逆に買わない理由を探してしまうほどです。

ここまで何度もお伝えしていますが、まずは「所有する（買う）」ことがすべてのスタートになります。不動産は学ぶべきことが非常に多いので、いつまで調べていても、すべてがわかる状態になることはあり得ません。だからこそ、まず小規模の物件を購入し、小さい失敗をしながら学んでいくという姿勢でないと、初心者は成功できないと断言できます。

例えば今、利回り10％の物件と、1年後に利回り12％になる物件があったとしたら、私は間違いなく前者をおすすめします。1年間、投資家として経験を積めることは、大きな財産になるからです。

物件を買うようになってくると、「この物件の売りはここだったのか」「次はこういう視点で選んでみよう」と思うようになります。購入してはじめて「すべての戸がきれいに閉まるか確認してなかったな」「基礎にクラックがあるか見るのを忘れてたな」などといったミスにも気付けるようになります。

物件調査と見積もりは時間差で行なう

物件調査では、屋根の確認が重要です。私は、２００万〜３００万円の安い物件では屋根を厳密に確認しませんが、それ以上の高い物件はチェックしています。私のやり方は、営業マンと時間差で大工を連れて行き、確認するようにしています。もしそのとき、屋根が割れているのを発見したら値下げ交渉をします。

屋根の確認のタイミングとしては、物件の概要を精査して、不動産会社と電話でヒアリングを行ない、現地へ内覧を行なったあとです。なお、売買仲介業者に会いに行くときは、事前に物件を見ておき、質問項目をまとめておきましょう。写真もたくさん撮っておくことをおすすめします。不動産会社と物件を見に行くときは、あくまで室内だけ確認しましょう。この段階で細かいことばかり質問すると、相手にネガティブな印象を与えてしまうためです。大工は、帰るふりをして物件にもう一度行くときに連れていきます。

また、すでに売買仲介会社と仲よくなっているのであれば、「リフォームの見積もりをしたいので、鍵を置いていっていただけますか?」と聞きます。ここで了承をもらえたら、ゆっくり確認できるのでラッキーだといえます。

さらに、よく「リフォーム業者を連れて行って見積もりを取ってもらいましょう」と指南する投資家がいますが、これはあまりおすすめしません。仲介会社が嫌がるケースが多いからです。というのは、リフォーム業者を連れて行っても、仲介会社からしてみると、ネガティブな部分を見つけられたら重要説明事項に書かなければならないケースもあり、「面倒な人だな」と思われるだけだからです。そのままだったら、説明する必要がなかった部分が表沙汰になることを非常に嫌がるのです。ですから、しばらくは何も知らないふりをして、ライバルがいないとわかった時点で指摘(指値)するぐらいがベストでしょう。

また、リフォームの明細を見ても、初心者だとそれが適正な値段なのかが判別できないことも多いです。だからこそ、私は戸建ての物件からはじめることをすすめているのです。そうやって、クロスやキッチンの修繕を自分で考えて調べて経験していくと、どの程度が適正価格なのかがわかるようになります。

リフォームの経験を重ねると、原価が見えてきます。購入後、半年も経てば学べることはたくさんあるはずです。ですから、最初はとにかく安く買うことを優先しましょう。クロスや畳が汚れていても気にすることはありません。お客さんに「○○を付けてくれませんか?」と要望を受けたら、「可能ですが家賃が1000円上がります」などと交渉すればいいのです。こうした注意事項は、A4のラミネートの機械が3000円くらいで購入できるので、内見者用にポップを作って手書きでメモを残しておけば十分です。

不動産投資はチーム戦です。できるだけ友だちを増やし、その友だちがどういうスタイルで投資をしているのか学ぶことが大切です。

最近、高額だからという理由で建具を付けていない人がいますが、実は建具を付けなければ平米で換算できるので、畳数を広く表記できたりします。こういった話も大家の同士のコミュニティに入ると自然と入ってくるので、ぜひ積極的に情報収集してください。

第5章

誰でも確実に融資を受けられる方法

ほぼ全国の物件に担保設定が可能

本書では「地方の築古戸建て物件」による投資手法を紹介していますが、基本的に1棟目はキャッシュで購入することをおすすめします。

最近ではサラリーマンの属性を活かして、1棟目で大規模な物件を買うスタイルが流行っているので、小さい田舎の戸建てを買うことに魅力を感じない人も多いと思います。

しかし、ここまで説明してきた通り、不動産の世界は悪徳業者がたくさん集まりやすいので、初心者が規模も金額も大きな物件に手を出そうとすると、すぐにだまされる可能性が高いです。それなら、最初はリスクが少ない額からはじめて経験値を上げていくというのが、結果的には大きな資産を築く最短ルートになるのです。

ただ、**はじめるにあたり、資金が足りない、心もとないという場合、日本政策金融**

公庫や三井住友トラストからの融資を検討してもいいでしょう。

なかでもおすすめなのは、政府系の金融機関である日本政策金融公庫です。沖縄以外のエリアはほぼすべて網羅していますし、創業支援、若者支援、女性支援、シニア支援などの借り手に応じたメリットも享受できます。

金融機関にはそれぞれの特徴がありますが、日本政策金融公庫は比較的借りやすい傾向があります。しかし、最近は融資が厳しくなったという話もあるので、難しい場合は三井住友トラストや信用金庫なども検討するといいでしょう。

三井住友トラストはノンバンクです。そのためほかの金融機関では難色を示すような借地物件、建ぺい率・容積率オーバー物件、人が亡くなった物件も問題ありません。ただ、融資の手数料が高い場合があるのと、共同担保に入れるものがないと（もしくは現金がないと）、難しいという話もあります。

また、エリアはどこでも貸してくれるようなオリックス銀行のフリーローンもあります。金利５％、１０００万円まで借りられます。なかにはカードローンで５００万円ほど借りて購入する人もいます。

いずれにせよ、利回り20％以上を狙うのであれば、どこで借りても十分稼ぐことができると思います。

お金の作り方はさまざまで、どこで借りても滞納や払い忘れなどがなければ、与信が毀損《きそん》することはなさそうです。ただ、一度毀損してしまうと、5年程度は記録として残るので注意が必要です。

なお、市街化調整区域の物件や、再建築不可の物件を持っていると、プラス評価にはなりませんが、マイナスにもなりません。つまり、ゼロ評価です。ただ、賃料収入は上がっていくわけですから、現金として評価されます。ですので、恐れることはありません。

何度もお伝えしていますが、とにかく小さい物件を買って勉強することが大事です。

家族の協力を仰げば確実

融資を利用するときは、家族の協力を得ることが非常に重要です。両親や配偶者の貯金を借りて見せることを「家族内資産」と呼び、融資の際は、少しでも多くの資産があることをアピールする必要があります。

私からしてみれば、お金を借りられるなら、その分の金利がかからないわけですから、親への土下座ぐらいの意気込みは当たり前だと思います。両親からでもいいですし、兄弟や配偶者でもいいので、あなたの熱意を伝えてください。それらのすべてを足して、資産表を作りましょう。

資産表には、口座ごとの預入金や保険証券（死んだらいくらもらえるか）などの項目に分けて金額を書き出していきます。もし骨董品や美術品などを持っていれば、画家と作品の名前を書いて「時価〇〇円」と入れます。自分の所有物でなければ、「親族」などと入れましょう。そして、最後に物件の売却想定金額から、借入金を引いた手残り（現金）を入れます。

これらを金融機関は大まかに計算します。すると、含み益があることがわかった場合、プラス材料となります。なお、この計算は厳密にやっても参考程度にしか見られないので、年1回くらいの更新で十分です。もし計算してみて含み損になれば、金融機関に見せる意味はないので避けましょう。

いろいろ説明してきましたが、投資初心者の会社員であっても、300万円の資産があれば、融資を受けられる金融機関はいくつかあります。すでに物件を所有している人は、残債との兼ね合いで決まることも多いです。

金融機関によっては、勤め先、連帯保証人の有無、資産背景など重視するポイントが異なります。ですので、いつスタートしてもいいように、準備をしておくことは大切です。

私は「チャンスは準備している人のもとにしかやってこない」と思っています。往々にして、チャンスがやってくるというときにはスピーディーな判断が求められます。いつでもすぐに動けるよう、準備は怠らないようにしてください。

４８００万円程度は誰でもＯＫ

日本政策金融公庫の個人枠は、おおよそ４８００万円です。年１回しか融資してもらえないかもしれませんが、この額までは借りられます。ちなみに私は不動産投資の経験者ということもあり、その上限を超えて借りています。経験を積むにつれて評価は上がっていくのです。

私のおすすめとして、日本政策金融公庫でも三井住友トラストでもいいので、何か資産を共同担保に入れて、根抵当を付けさせることです。私の場合は、将来的に面倒を見るからと親に懇願し、実家を抵当に入れることができました。親からすれば賭けかもしれません。あなたが今まで非行的なことをしていたら、お金も資産も貸してもらえないでしょう。結局のところ、お金を借りるということは自分の信用の積み重ねによって実現できることなのです。

話が逸れましたが、融資にあたっておすすめなのは、①両親から借りる、②兄弟や親族から借りる、③両親の資産を担保に入れて根抵当を付けるということが考えられます。③に関しては、日本政策金融公庫でも三井住友トラストでも他行でも、可能なところは多いものと思われます。例えば、戸建てをキャッシュで購入し、うまく実績を積んでいれば、融資エリア内であればバックローン（現金で買って後付けで融資を受ける）も可能になることもあります。ただし、その際は事前に融資を受けたい旨をお話ししておく必要があります。

そもそも、担保があれば、属性は低くても大丈夫です。また、同じ金融機関であっても、支店長の姿勢や担当者、あとは時期によって融資の状況は大きく変わります。

支店選びについては、大家業の横のつながりで学ぶか、客付け業者に聞くのが有効です。本来、公庫の管轄エリアは居住地によりますが、紹介であれば管轄以外の支店で借りることも可能なようです。いずれにせよ、人からの紹介が一番信頼できると思います。

地方の利回りが高い物件だからこそ、日本政策金融公庫の融資が効果的

日本政策金融公庫は、地方の物件でも融資をしてくれる可能性が高い金融機関といえます。地方の物件は、土地の値段が安いものの、高利回り物件が出たらどんどん狙っていきましょう。

また、北海道、広島、静岡など、地場に産業がないエリアの場合、担保を持っている人は非常に喜ばれます。金融機関からすると、不動産という担保が取れるので、融資先のなかでは比較的安全です。とくに賃貸不動産は家賃収入があり、ビジネスとして破産しにくいと思われているため、金融機関から重宝されます。

実際、家賃も毎月入ってくるので、すぐに破たんというケースはとても少ないです。公庫は融資エリアがとても広いのが特徴で、離島以外ほぼ融資エリアに入るのではないかと思います。ただ、金額の上限は５０００万円ほどで、融資期間も10～15年と短いので、田舎の高利回りの不動産を購入するには外せない金融機関です。

そのほかの金融機関としては、信用金庫・信用組合もおすすめです。

昨年から、金融庁が地銀の不動産への貸し出しに対して引き締めを行なっているのは事実です。ただ、実際は、信用金庫・信用組合は、もともと不動産への融資が比較的積極的で、現在もブレがなく貸し出しています。こうした地元密着の金融機関は、居住する地域にはこだわるので、原則、自分の住む場所と、物件が営業エリア内でないと借りられません。

金融機関へは紹介でいくのがマストです。しかし、遠方に住んでいたら、物件のそばとなるとなかなか難しいかもしれませんが、なんとかルートを見つけてアタックできれば、融資の道が開いていきます。

第6章

管理会社がよく動いてくれるコミュニケーション術

物件所有エリアの管理会社に嫌われたら終わり

基本的に、管理会社の選定は、決済前に行ないます。決済前に物件の近隣にある不動産会社の店頭に出向いてヒアリングをしながら、そのタイミングで管理会社についても合わせて情報収集をします。

どういった管理会社があるかは、ネットで検索して調べたらすぐにわかるはずです。各社にヒアリングする際は、153ページのチェックシートをもとに行ないます。

まずは、管理料、ターゲット属性、そして駐車場の有無を調べます。駐車場は戸建て投資と地方のアパート投資には必須の要件なので、必ず確認してください。

次に、物件のメリット・デメリット、敷金・礼金・広告費・更新料を聞きます。ここまでヒアリングをしたら、自分の物件がいくらで決まるのかを質問します。「御社に任せたら、いくらの家賃であれば決めてくれますか?」という感じで聞いていきましょう。

あとは細かい項目です。空室率はどれくらいか、生活用品はどこで買えるのか、物件の歴史や競合スペックはどうか、リフォームはどれくらいすればいいのか、などです。

管理会社の業務は、集金、クレーム対応、建物の維持管理、契約業務、客付け（入居募集）、退去立会い、修繕の手配など多岐にわたりますが、もっとも大切なのは「客付力」です。

もし、「うちでその物件を管理させてくれなければ、お客様を紹介しない」といわれたら、別の管理会社をあたりましょう。このようなことをいう不動産会社もあるのです。ただ、そもそも管理会社の数が少ないエリアだったら、そんなこともいっていられません。その場合はあきらめて、そのまま管理を委託しましょう。

物件エリアに10以上の管理会社があるのであれば、「すみません、出直してきます」と丁寧に距離を置きましょう。もしかしたら、その管理会社に最終的に委託する可能性もあるので、悪い印象を与えないように丁寧な対応を心がけることが大切です。

こうした繊細なコミュニケーションは、とくに男性は不得意な人が多いのですが、投資の成否を左右する重要な部分なので、ぜひ心がけてほしい部分です。

ここは難しい話ですが、起きたことのすべての責任は、大家である自分のせいだと考える必要があります。

他人のせいにしてはいけません。誰かのせいにしたところで、あなたの現金は増えませんし、自分の成長にもつながりません。成功しているビジネスオーナーは、自分のプライドではなく、結果にコミットします。プライドを優先している限り、儲けられないからです。しかし、まだ経験が浅い人であれば、相手にされないことがあっても根負けしてはいけません。違うと思ったことも反論せず、歯を食いしばるような我慢も必要なのです。

自分の相性と合う管理会社とは？

管理会社は、自分と相性が合うかどうかが重要なポイントです。管理会社を選んだら、連絡をしっかり取り合いましょう。メールでやり取りするのが苦手な管理会社も多いので、その際はFAXや電話で連絡を取り合います。

私の場合、メールを送ったあとに電話をするようにしています。電話だけというのは相手に忘れられますし、伝えた証拠が残らないので、できれば避けたほうがいいでしょう。

管理会社にもよりますが、ビジネスマナーがまったくなっていない人が対応することもありますし、担当によっては返事ばかりよくて全然動いてくれず、「本当に人の話を聞いているのかな?」と思うこともあるかもしれません。

しかし、それでも謙虚な姿勢で接し続けましょう。いかに彼らに気持ちよく動いてもらえるかどうかは、大家のコミュニケーションスキルにかかっているといっても過言ではありません。

管理会社の「客付力」をチェック!

「管理会社の客付力を重視」と説明しましたが、管理会社の客付けには「ワンマンプレー型」と「チームプレー型」があります。

ワンマンプレー型は、自社のみで客付けをする管理会社です。主に大手のフランチャイズチェーンなどがその傾向にあります。チームプレー型は、管理会社自身はさほど客付けが得意でなくても、近隣の客付会社とのネットワークが構築されており、しっかりと空室を周知して客付けの依頼をしてくれる会社です。

一般的には、入居が決まると、入居者は客付会社に対して賃貸仲介手数料を支払います。広告費が出ていない地域では、この手数料を管理会社・客付会社で分けます。広告費1か月が出ている場合は、仲介手数料を客付会社、広告費を管理会社がもらうことが多いです。

そうなると、ワンマンプレーで客付けのできる会社は、利益が2倍になるということです。これがチームプレーでは管理会社・客付会社と分けることになります。

エリアにおけるその会社の力や、各社の連携体制が変わるところが多いので、一概にどちらがいいとはいえませんが、私はワンマンプレーの管理会社は避けたほうがいいと思っています。

フランチャイズ系の管理会社は、ワンマンプレーを目指しながらも他社と連携をす

■客付けの仕組み　ワンマンプレーとチームプレー

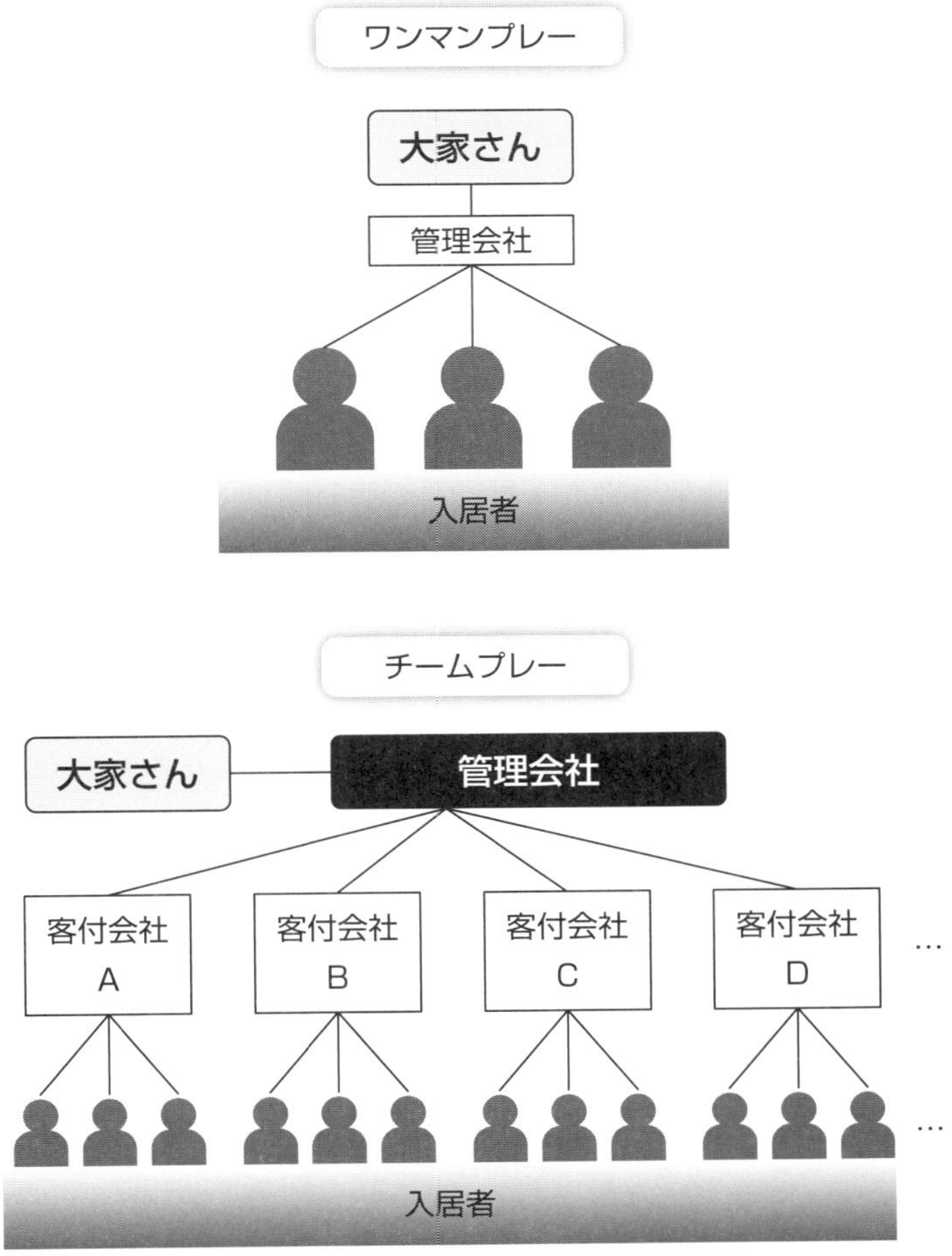

るものですが、なかには一社のみで抱え込んでいるケースもあります。大手の一部は多額の広告宣伝費をかけているので、そういった営業方針の会社もあるようです。

これは私の主観ですが、フランチャイズ系には管理をあまり委託したくないと考えていると感じています。例えば、害虫駆除費、24時間電話サポート費などよくわからないお金を入居者から次々に徴収するからです。また、ある大手フランチャイズでは、緊急災害セットというサービスを強制的に付けさせているところもあるようです。月額1000円近くもかかるので、入居者は納得がいかないそうです。以前、私は「入居者にそんな余計なお金がかかるなら別の会社に頼もうと思います」と断ったこともあります。

このように、管理会社によって客付けの仕方はもちろんのこと、費用面は大きく異なります。鍵の交換費だけでも、安い会社と高い会社を比較すると、倍くらいの差があります（ちなみに鍵交換についていえば、入居者が換えたいと申し出た場合のみ、交換すればいいと思っています）。

また、チームプレーの会社では、少数派にはなりますが、広告費を自社で取らず、客付会社にすべて支払う管理会社もあります。客付会社からすれば、仲介手数料に加えて広告費も得られるとなれば、客付けにも力が入るというものです。できれば、そういった管理会社を探せるといいでしょう。

管理会社との付き合う際の注意点です。まず、店長と現場担当者では、温度差がある場合があります。そんなとき、私は店長（もしくは決裁者）と先に物件について必要な話をしてから、現場の人を紹介してもらうようにしています。

ただ、女性投資家の場合、店長に丸め込まれてしまい、話がうまく伝わらないケースもあります。自信がない人は、営業部の女性社員を見つけてランチをして話をするなどの方法もあるようです。

いずれにせよ、**管理会社のペースに合わせつつ、情報を引き出す**というのが理想です。また、管理会社に「どこの客付会社さんと仲がいいのか（一番客付けしやすいか）」は必ずヒアリングするようにしましょう。なぜなら、たくさんの名前が上がった会社は客付けが強い会社ということになるからです。

「大家の背中」を見せる

不動産会社がネガティブな印象を抱いてしまいやすい大家の特徴は、「大家が努力していないのに口だけは達者なタイプ」です。

例えば、管理会社が新聞のチラシに載せる、ＦＡＸで問い合わせに対応しているなどの客付け努力をしているにもかかわらず、「いつになったら決まるんですか？」「早く決めてくれないと困ります」などと何度も口を出す……こうしたことは絶対に避けてください。

もし意見をいいたいのであれば、大家も一緒に汗を流しましょう。保有している物件に関して詳しいことはもちろん、物件に泊まり込みでリフォームをして、物件のマイソク（物件の概要、間取り図、地図などをまとめた資料）を自分で作るなども大切です。

マイソクを作るのは簡単なのに、意外と実践していない大家が多くいます。マイソ

■物件のマイソクの例

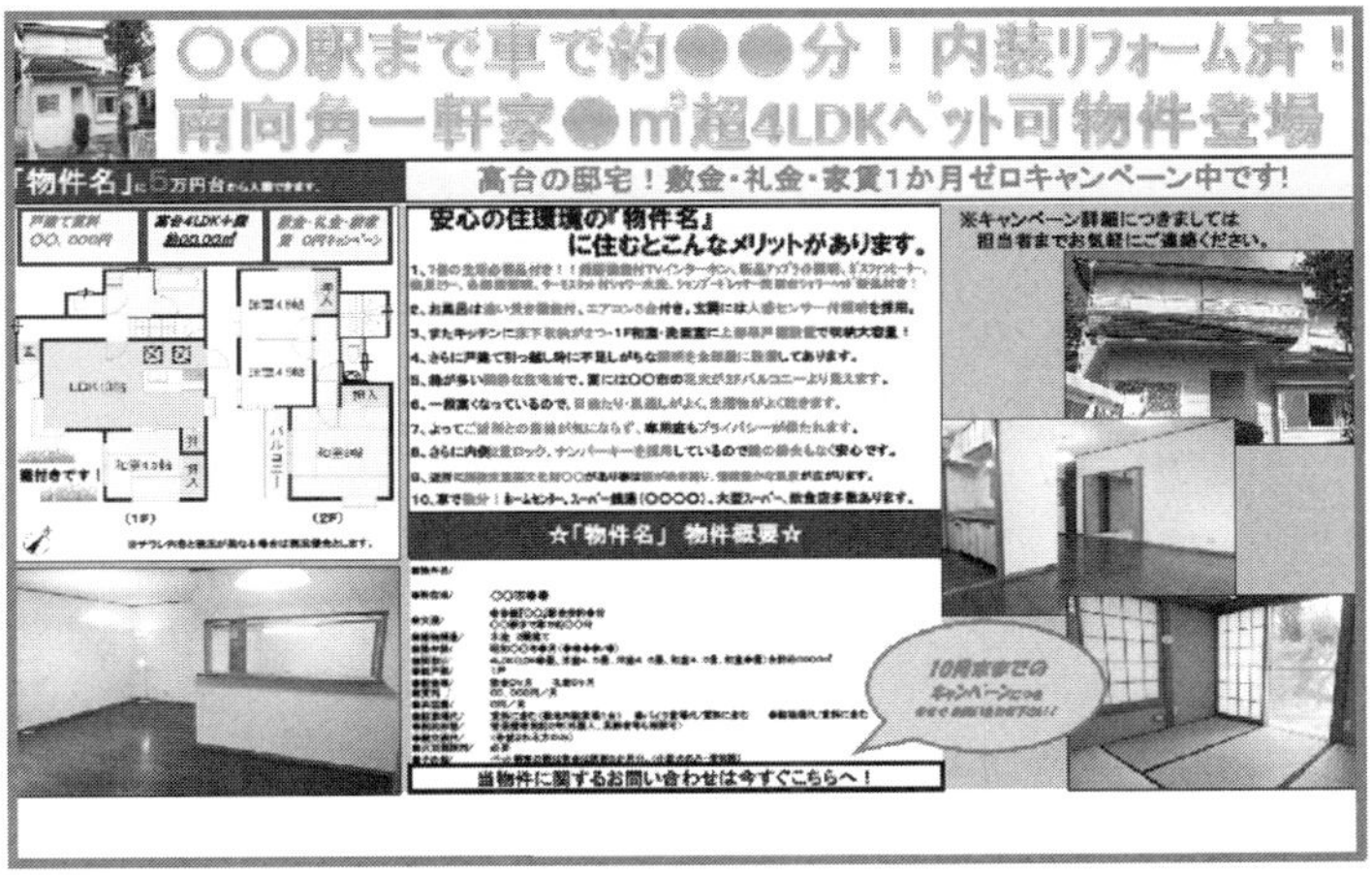

クの作成は物件のことを理解するためにも役立つので、準備することを強くおすすめします。

私の場合、「ココナラ」というフリーの人たちが知識やスキルを提供しているオンラインマーケットサイトで募集を募り、500円くらいで間取り図を作ってもらっています。指示は簡単なラフで大丈夫ですし、ファイル形式も選べるので便利です。ココナラは非常に便利で、物件内に置いておく注意事項のチラシなども5000円未満で制作依頼ができます。

なお、こうして作成したマイソクは、

現物（もしくはＰＤＦデータ）で管理会社に渡しましょう。管理会社は、よほど優良物件ならまだしも、普通以下の物件をすべて把握していません。ですから、「よかったら参考に使ってください」とマイソクを渡すだけでもいい印象を与えられます。

「絶対に満室にするためには何をしたらいいですか？」と率直に聞き、そして行動する

空室のある物件を購入したら、必ず満室にしなくてはいけません。そのためには、管理会社の力が必要です。「絶対に満室にするためには何をしたらいいですか？」と率直にヒアリングすることが大切です。

その際には、物件の写真を見ながら話をしたほうがいいでしょう。ただし、パソコンやスマホ画面では見にくいので、印刷した状態で相談するようにしてください。大きさはＡ４で４分割にしたものが一番見やすいです。ひと手間かけて、プリントを作って持参することが大事です。

というのも、メールで送ったとしても、不動産会社の社員は毎日何百通とメールが

届いているため、見てもらえないことが大半だからです。私の知っている営業マンは、1人で500戸も管理しているそうです。

ですから、そのなかで**自分の優先順位を上げてもらうためには、営業マンに「手間だな」と感じさせることは避けましょう。**そのためには、正当なことでも、優しく伝える必要があります。営業マンに「面倒くさいな、この人……」と思われたら、そこでおしまいなのです。

不動産会社では、学歴よりも数字として成果が出せる人が評価されます。そのなかで営業マンが成果を出していくためには、当然効率的に業務を処理していかなければなりません。ですから、大家も営業マンの効率性を考えたコミュニケーションを取る必要があります。

物件に愛着を持とう

たとえ物件が遠くにあったとしても、初心者はとくに退去時の立会後はなるべくその部屋を訪れるようにしましょう。

私は、あえて途中で立ち寄れる場所の物件を購入しています。例えば、千葉でしたら、埼玉、茨城に寄ってから行けるように購入しています。本当はついでに他物件に寄るのが理想的なのですが、物件数が少ないと、そもそも用事がないわけですから、入退去の立会の前後に見に行けばいいと思います。

物件を定期的に見ることで、管理会社がきちんと仕事をしているのか、それともさぼっているのかがわかるようになってきます。草を刈っていない、通路に壊れた傘が並んでいる、ゴミが散乱している、ダンボールが積んである……このような事態が起こっていることは、特段珍しいことではありません。ただし、たとえ管理会社がさぼっている様子を見つけたとしても、それを責めてはいけません。

以前、私の物件周辺の敷地内に、布団が積み上げられていることがありました。雨に濡れたら見た目にもよくないですし、火を付けられて火事にでもなったら大変です。そんなとき、私はこういいました。

「ちょっと聞いてくださいよ。物件を見に行ったら1階の敷地に布団が積み上げてあったんですよ。どうしたらいいと思いますか？」

このように、相手を責めず、相談というかたちにすることがポイントです。

「なんでこんなことになっているんですか？　ちゃんと見に行ってくださいよ！」などとくれぐれもいわないよう注意してください。管理会社に怒っても、百害あって一利なしです。むしろ、気持ちよく動いてもらうための気遣いが必要なのです。

管理会社の抜き打ちチェックという意味で、定期的に物件を見るのはもちろん、修繕の費用についても、増大請求があるかどうかチェックをしたいところです。

これは、入居者に直接聞けばすぐにわかります。オーナーとして（もしくは清掃業社やリフォーム会社を装って）物件を訪れ、入居者に何か不満はないかヒアリングするのです。

もし「管理会社が何もやってくれないんですよ」という意見があったとしたら、「申し訳ございません、相談してみますね。ほかに何か困ったことがあったら教えてください」と答えます。

私の場合、セルフリフォームをしていますし、作業服で行くので怪しまれることはまずありません。ただ、入居者と密なコミュニケーションを取りすぎると面倒なことも生じるので、ある程度の距離感を置くことは大切です。例えば女性の入居者だったら、中年の男性オーナーが何度も自宅に来ることに不安を感じるかもしれないからです。

細かいことはいわない！するべきは素早いレスポンスのみ

管理会社から問い合わせがくることがありますが、レスポンスはスピード感が非常に重要です。「明日でいいや」などと思わずに、迅速に対応しましょう。

私は、申し込み時や募集時のチェックリストを作って、やるべきことを明確にしています。ですから、問い合わせがきたときもすぐに対応をすることができます。

さらに、入居候補者に対して、部屋のＰＲポイントや注意点をポップで作成して設置してもらっています。ポップはラミネートしたものを送り、部屋に貼り付けるようお願いするのです。ただし、最初のころはポップの設置も自分で行なったほうがいいでしょう。

ある程度、管理会社と信頼関係が築けた時点で、設置場所なども写真で指定して指示すればいいのです。関係が強固になれば、保管もしてくれるようになります。

以前、便器が壊れたことがありました。入居者からは「経年劣化だ」といわれたのですが、どう考えても入居者に責任があるように思えました。そこで、便座の交換を管理会社にお願いしようとしたところ、1万6000円かかるといわれたのです。ただ、妥結しなければならないので、「半分の8000円分は経年劣化によると考えられるので、4000円は自分が払いますが、残りの4000円を払ってもらえませんか？」と入居者にお願いしました。結果、無事受け入れてくれました。ただ、実際は管理会社の営業担当にお願いして、私の負担は3000円ですませることができました。

私がどのようにして管理会社と信頼関係を築いたかというと、以前に「ミスを笑って許した」だけです。ここで私が怒っていたら、まずうまくいなかったことでしょう。

■キャッシュフロークワドラント
「ESBI」の「B」と「I」を意識しよう

E 雇われて働く従業員 （Employee） ・一般サラリーマン ・公務員 ・フリーターなど	**B** 自分のビジネスを持つ ビジネスオーナー （Business owner） ・大きな会社のオーナーほか ・フランチャイズ店のオーナー （マクドナルドなど） ・大家など
S 自分自身が雇い主で ある自営業者 （Self-employed） ・医者、弁護士 ・中小企業の経営者など	**I** 投資することでお金に 働かせる投資家 （Investor） ・株式、FX投資家 ・不動産投資家など

繰り返しますが、「すべての責任は自分にある」と考えることが重要です。

不動産投資家とは、人を動かして成果を出すビジネスもあります。**『金持ち父さん貧乏父さん』のなかで紹介されているキャッシュフロークワドラント「ESBI」の「I」だけでなく、「B」の投資の世界に自分がいるということを忘れてはいけません。**

「E」である会社員は、理不尽に感じたときは動きません。これはあなたも同じだと思います。ですから、「どうやったら相手に気持ちよく動いてもらえるか」を考えないと、いつまで経ってもうまくいかないのです。

会社員を動かす方法のひとつは、「怒られる」という恐怖心です。しかし、これは組織のなかで上司が部下に対して行なう行為だから機能するのであって、大家がそれをやったところで逆効果です。管理会社の担当者に「面倒だな……」と思われたら、「この大家さん細かいですし、自分で工事手配するらしいですよ。遠方なので滅多に来ないですし、適当にあしらってもいいですよね」などと社内でいわれ、優先順位を下げられてしまう可能性も十分にあります。

好きな大家に客付けしたがる法則あり

不動産会社の担当者も、同じ人間です。気に入った大家に対しては、客付けで恩返ししてくれます。**好かれる大家になるためには、週に1回はメールやＦＡＸを送ったり、自分の物件のアピールのためにマイソクを送ったりしましょう。**私も1週間に少なくとも1回はメールを送っています。

田舎だと、高齢者の大家が多いため、男性でも女性でも投資家は新鮮に映ります。その分、顔を覚えてもらいやすいといえるでしょう。

いずれにせよ、好意を持ってもらえるような振る舞いをすることが大切です。地域によっては、業者がひとつしかないところもあります。そこに悪印象を持たれたら、投資で成功しにくくなってしまいます。

例えば、ちょっとしたお願いごとであっても、電話だけで当たり前のことのように上から目線で指示をするのは避けましょう。「横柄な人だ」などと思われたらおしまいです。

ちょっとしたことですが、管理会社に訪問する際は、毎回でなくてもいいですが手土産を持参するといいでしょう。女性社員が多い場合はスイーツ、男性社員が多い場合はせんべいなどが無難です。

ただ、管理会社は手土産をもらい慣れているので、女性向けのスイーツはちょっと珍しいものを贈ったり、今人気のあるものを贈ったほうが喜ばれます。私は以前、ドトールや星乃珈琲のリキッドコーヒーなど、ちょっとした贅沢なコーヒーの差し入れなどをしたところ、とても喜んでもらえました。

管理会社は満室でなくてもいい!?

よく管理会社が挙げてくる実績として、「入居率95％」などが謳われています。この数字はもちろん大事なのですが、むしろ肝心なのは母数です。何千、何万戸と管理しているなかで、５～10％ぐらいの空室率であればまったく問題ないと思います。

ただ、前の話につながりますが、そもそも管理会社から好意を得ていなければ、空室率５％のなかに自身の物件が入ってしまう可能性もあるわけです。つまり、**入居率のパーセンテージにとらわれるよりも、いかに管理会社に自分のことを気に入ってもらえる努力ができるかが大事なのです。**

本をたくさん読んで頭でっかちになっている投資家は、管理会社から提案されるリフォームの工事発注を嫌う傾向にあります。これは、管理会社からリフォームを発注した場合はマージンが乗っていることが多く、費用が割高になってしまうからです。

■管理会社発注と大家発注の違い

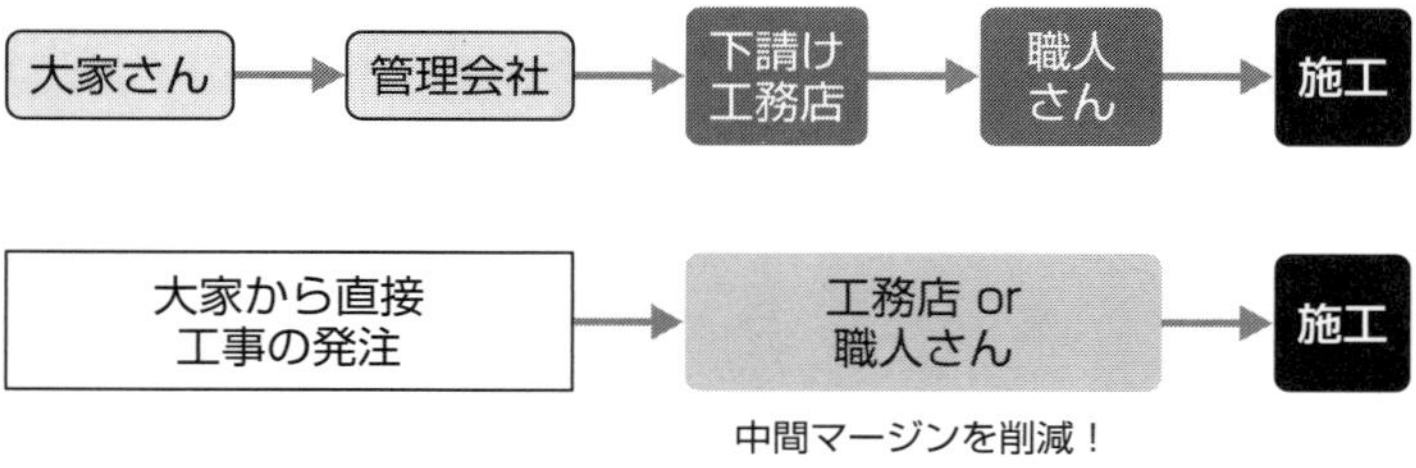

知識としては正しいのですが、それをストレートに管理会社に伝えてしまえば「この人は利益の取れないオーナーだ」と思われ、客付けのやる気をなくされてしまいます。これは避けなければなりません。

管理会社に「御社の工事の単価基準を出してください」といい、工事の明細をあらかじめもらっておくのもひとつの手です。その価格に納得できるのであれば発注してもいいでしょう。

いずれにせよ、地域の慣習などにより、エリアによって管理会社の出方は異なるので、こちらの常識を持ち込んではいけません。できる限り相手に合わせることが大切です。

ただ、工事を任せるかどうかは慣習ではありません。慣習だといわれたら、「緊急のときや少しの工事ならいいですが、1万円（物件の規模が大きい人は3万～5万円）以上のときは私に相談してください」とお願いしましょう。そのうえで管理委託契約書を交わせばいいのです。

とはいえ、**小規模なアパートや戸建てなど、不動産投資をはじめたばかりであれば、細かくチェックして、少しでもキャッシュを貯めることを優先してください。チェック作業を継続していると、勉強になることも多いです。**

私は基本的に管理会社に任せ切りにすることはありません。ただ、急いで対応する必要があるケースや、自分自身が動けないときはお願いしています。

もし、物件が自宅から1時間くらいの距離にあるのなら、初心者はできるだけ自分で補修するよう心がけましょう。ただ、工事内容によってはプロに任せたほうが安いケースもあるので、一度見積もりを取ってみることをおすすめします。その際、「金額によっては、もしかしたら自分で対応するかもしれませんが」と一言添えるようにしましょう。不動産会社によっては管理部と営業部で分かれているところもあり、別々の数字を追いかけているので、そういったことは気にせず、見積もりを出してくれることもあります。

管理委託契約書のチェックポイント

管理委託契約書でチェックすべきなのは、「工事の発注に縛りがあるかどうか」です。緊急時でも電話は入れてもらい、そのうえで自分が対応するのか、委託するのかを判断するという文面を書いてもらいましょう。

また、その際「1万円未満の工事であれば管理会社が対応しても構わない」という旨を記載することがポイントです（金額は3万円未満というところが多いです）。

あなたが自家用車を持っていて、1時間以内で行けるところに物件があれば、工事対応は可能なこともあり、経費が削減できると思います。

そのほか、修繕工事、原状回復工事は「大家指定の会社で工事してもいい」という旨を入れます。賃貸募集についても、大家自ら募集をかけることや、ほかの客付会社に募集依頼をすることを認める旨を入れておきましょう。空きが多い場合は、満室まで仲介手数料免除などを交渉してみてもいいかもしれません。

女性社員を大事に。社長とつながっていることが多い！

私の経験上、女性社員は、社長に対しても臆せず意見をいうタイプが少なくありません。実際、トップの営業マンは女性が多く、社長に気に入られていることが多いです。もともと女性は男性よりもコミュニケーション能力が高い人が多いので、そういうことも珍しくないのです。

また、男性の営業マンは離職率が高いです。男性は不満があったら割とすぐに転職や独立をする人が多いですが、女性は慣れた環境を変えることを面倒に感じたり、地方の場合は就職先が限られていることが理由で、会社に長くいたりするのだと考えられます。長く勤めて、そのエリアのプロになっていることも多いです。ですから、女性を味方に付けることをおすすめします。

なお、女性社員から好印象を得るための手土産は、おやつ代わりになるスイーツが有効だとお伝えしましたが、ある程度人間関係が築かれてきたら、その人に合わせたものを贈るといいでしょう。韓流スターが好きな人には新大久保で買ったグッズ、またはご主人と食べられるお取り寄せグルメなどもあるかもしれません。ともかく印象に残って、相手がもらってうれしいと思うアイテムを選ぶことが大切です。

別視点からおすすめなのが、同情です。「物件が決まらなくて困っているんです」と、相手の同情心を煽ることをいうのです。ただ、これは年齢やコミュニケーション能力などいくつか条件があるので、誰もができることではありません。

いろいろ紹介してきましたが、これらはあくまで難しい物件の管理をお願いしている場合に限ります。苦労しなくても入居が決まる物件であれば、ここまでの工夫は不要です。

客付けがラクな物件であれば、どこの業者も寄ってきます。ですから、決まりやすい物件と思われるようにすることが大事です。私の場合、これまですべてそういう戦略で行なってきています。

また、管理会社から営業マンがどういう成果を求められているかを把握することは非常に重要です。仲介手数料を重視する仲介会社もあれば、成約件数を重視する仲介会社もあります。

とくに複数の支店を持っている管理会社などは、その割合は営業支所によって決められています。当然、仲介手数料は田舎よりも都会の営業所であればあるほど有利になるので、地方の営業所だと件数で評価される割合が高くなるわけです。ですから、件数評価が大きい営業所もあるということは、地域最安値が武器になることもあります。

第7章

こんなときどうする!?
不動産投資の実践に役立つ
Q&A集

本書の最後に、不動産投資の実践に役に立つQ&A集を紹介します。これからの不動産投資の実践に、ぜひ役立ててください。

Q

①不動産会社への資料請求などはどのように問い合せをしたらいいですか？

A

メールではなく、電話でヒアリングを！

まずは、「個人で不動産を購入しようと考えていて、インターネットでこの情報を見つけました。この物件について少し教えていただけないでしょうか」という切り出し方で話します。

次に挙げるのは、「自分が購入するなら」という前提で相談し、話のなかで伝えていけたらベストです。

●現状有姿（現況優先で物件のある姿のまま買う）
●公簿売買（隣の土地との境界を確認せず、謄本記載の内容での売買）
●瑕疵担保不担保（建物に後日欠陥がでても文句をいわない）

つまり、シンプルにいえば、「購入後にクレームはいいません！」ということです。そして、できれば、「現金（担保融資）での購入を考えています」という旨を最初にさらっと伝えておきます。

こうして、まずは購入する本気度を示してから、「そこで確認したいのですが……」と話をつないでいきます。1回目の電話で聞くことは次の通りです。

■1回目の電話ヒアリング

●アパート、マンション名を聞く（賃料調査時に検索で特定しやすいため）
●物件概要をもらう（ネットで見た以上の情報が出ていれば）
●レントロール（入居者の賃料一覧表）をもらう（ただし戸建ては1戸のため不要）
●入居者ネックの確認（滞納・怖い人などがいるかどうか）
●住所の確認（ネットにすべて載っていないケースが多いため）

●売却理由を聞く
①相続税を払うため
②物件の稼働率が悪く、修繕費用がこれから多分にかかるから
③本業でまとまった資金が必要
④安く購入したので売却すれば利益が出る
⑤大家が高齢で物件の管理に疲れてしまった
※①③は売却価格よりスピード重視のため安く買える可能性あり。⑤も狙い目。
普通に仲介会社に売却理由を聞いても「資産の組み換え」などと話を濁されることがある。本当はしっかり売主に理由を聞いてもらうことが重要。傾向としては、人気のない物件ほど売買仲介会社はしっかり動いてくれるが、人気のある物件にしつこく質問をすると買わせてくれなくなるので注意が必要。

●値下げできるかどうかの可能性
①売り出してから期間が経過していれば交渉の余地あり
②塗装がどのくらい持ちそうか。外壁を触ったら、粉が手に付くかどうか
③雨漏りがあるか。ほとんどは「ない」といわれるので最終的には現地確認
④風呂がバランス釜か。そうであれば下げられる根拠になる。なお戸建てにはほ

とんどない
⑤シロアリの有無。最終的には現地確認
⑥過去に買付が入っていたか。融資を使う場合、どの銀行で、いくらくらいの融資が付きそうなのかも確認
⑦建物の劣化状況はどうか。屋根、外壁、外部階段の汚れや塗装のはがれなどの劣化、鉄骨階段のサビ、基礎のクラックの有無や補修状況も確認

●「自分は細かいことをいわずに現金で買う」というアピールをする
①「現金で3日以内ですぐ決済可能」という
②「〇〇銀行から〇億円までは融資が出るといわれています」という
③「1か月前に同じような物件で支店決済までは通った実績があります」という
※ウソはいけないが、なるべく大きく話すことがポイント。

以上はすべてを尋問のように聞くと嫌がられるので、物件に合わせて聞きたいところから聞いていきましょう。

Q

②物件が安く買える特徴、指値が通りやすい物件とは？

A

「8つの条件一覧」をチェック！

物件が安く買える特徴、指値が通りやすい物件の条件は次の8項目です。

①相続が発生し、相続税を支払わなければならないため現金が必要（10か月以内）
②仲介会社が相場を知らずに安く出している物件
③不動産の権利関係が複雑（土地の境界などでもめている、所有者が複数など）
④物件の周辺環境に問題がある（隣人が変わっている、街に暗い事例があったなど）
⑤物件そのものに問題がある（必要な修繕が多すぎる、費用が高額など）
⑥値付け前の物件（商品化されていない物件＝協力会社さんと仲よくなるともらえる。例えば「こんな物件あるんだけどいくらなら買いますか？」といわれる）
⑦ほかに買う人がいなさそうな物件

⑧心理的瑕疵がある物件（室内で自殺、他殺、病死があったなど）

Q
③物件検討時に「これだけは絶対チェック」という点はありますか？

A
物件のタイプによって注意点は変わります。資料をチェックしたあとの2回目の電話でヒアリングを行ないましょう

次に例を挙げるので、参考にしてください。

■**全面道路に私道がある場合**

●上下水道管、ガス管の所有者は誰か、私設管ではないか、利用料はあるか、私設管であればその部分の敷設年、修繕履歴を確認する（一般的に20～30年で補修などが必要）

●掘削承諾、通行承諾はあるか。前面私道の持分はあるかを確認する（私道を市など行政が所有している場合は、配管の所有権も行政の確率が高く利用料かからないケースが多い。また承諾不要のケースが多い）

■築古物件の場合

●お風呂はバランス釜であればホールインワンが可能か（外付け給湯器を使う工法で外壁に面してお風呂があれば可能。1台20万円程度）

●1階の空室があれば、耐震性向上のため壁筋かいなどを入れるよう大工にお願いすることも検討

■2回目の電話ヒアリング（資料をひと通りもらったあとの状態）

●周辺土地は路線価の何倍くらいの取引か。路線価程度か（出口検討のため）

●近隣に嫌悪施設はあるか（お墓やゴミ焼却施設など）

●現地写真、建物写真があればもらう（違う物件の可能性があるので、口頭でも「この白い戸建てでいいですよね」などと確認しておく。とくに内部写真がほしいが無理には取り寄せないこと。外観はGoogle Mapsで見る）

●境界確定はされているか（一応聞く）
●固定資産税などは土地分、建物分でだいたいいくらか（まだ固都税評価証明などは不要で、まずいくらくらいか聞いてみる）
●同規模の建物に再度建築は可能か（再建築できるか？）
●物件のメリット・デメリット（聞けたら聞くが優先順位は低い。本来ならこちらで考えることだから）
●賃料はいくらくらいで空き住戸は埋まるのか（「もしご存知なら……」と聞く）
●リフォームはいつどういう項目を行なったか？（リフォーム履歴。「もしご存知なら……」と聞く。売主に聞いてもらう）
●遵法性は守っているか（既存不適格、違反建築などはあるかどうか）
●建物の確認済証、検査済証はあるか（旧耐震は昭和56年6月以前に受けた建築確認なので、竣工ではないことに注意。昭和57年、58年以前の物件は注意する）
●過去に道路冠水、地盤沈下があったエリアか（ネットで役所からハザードマップを取得するといいが、一応聞いておく）
●現在、または以前お願いしていた管理会社はどこか（古家付きの土地として売りに出ている戸建ての場合は、取り壊さず現況のまま引き受けるという条件を提示してみる。もとの価格が200万円程度の土地であれば、解体費用を差し引いてもらうだけで数十万円までに下がる。※木造解体費用の目安：坪5万円程度）

●阪神淡路大震災、東日本大震災の影響はあったか（傾き、外壁、基礎、クロス、クラック、浴室の歪みなどがあれば値段交渉につなげる）

●ペット可のアパートか

●敷地内に戸数分の駐車場はあるか（なければ敷地外の近くに駐車場はあるか？　またいくらか？　※戸建て以外）

●敷地内の駐車場、駐輪場附置義務を満たしているか（駅近や都市部の物件に多い。また駐車場は平置き、機械式、立駐式か確認）

●前面路線価はいくらか（聞くだけ聞いてみる。ネットでも調べられるため、できれば自分で調べる）

●各住戸内の室内の汚れなどの状況（どのくらいのリフォーム費用が必要か計算するため）

Q ④レントロールのチェック方法を教えてください

A レントロールのチェックポイントをおさえましょう

■レントロールのチェックポイント

- 空室募集家賃査定をする（相場をチェック、高い家賃のままになっているケースあり。「フリーレント6か月」として入居者に入りやすくして高い家賃を取っているケースもある。入居期間が短い入居者に多いので注意）
- 家賃のバラツキを最安賃料でいったん利回り計算する（入居年数の長い部屋の賃料は相場賃料より高いケースが多いので、今の相場賃料に置き換えて満室想定収入を再計算する。空室募集賃料が相場より高いケースもあるので注意）
- 水道料、町内会費の確認（そのまま費用となる項目のため、この収入は見せかけの収入なので除外する）

●敷金の有無を確認（関西方式の敷引の場合、敷金返還義務は買主にあり、購入時に敷金は引き継がれないので、価格にその分を載せて売主に負担してもらう。買主が敷金を引き継がない関西方式の場合、所有権移転後すぐに退去して敷金返還金をせしめる敷金詐欺の可能性がある。クリーニング代の前預かりも必ず引き継ぐこと）
●店舗家賃に注意！（リーシングが特殊。店舗が埋まりやすいか確認する）
●光熱費、水道代は入居者負担かどうか？
●共益費の電気代などの大体の支払額は？（エレベーターがある物件のみ確認する）
●大家負担の敷地外駐車場の有無（月数万円～。ケーブルテレビ、無料インターネット、受水槽清掃費があるかどうか。※支出項目費用一覧がなければ、返済額とは別に満室時収入の20%を見る）
●携帯基地局、自販機、看板広告などの副収入はないか？

■申し込み以降の確認事項

●入居者の属性（契約の始期・年齢・性別、各部屋の空室期間は？）
●保証会社に入っている入居者は？
●サブリースではないか？　法人一括借り上げではないか？（一度に全退去の可能性

あり。退去時にインパクトが大きく、ローンなどが支払えない可能性があるため契約内容をしっかり確認すること。また全室リフォーム＋募集＋敷金返還金でキャッシュアウトが懸念される。全空で売りに出ている物件はそのような経緯で破綻した物件もある）

●入居者の勤務先（契約前なので厳密である必要はない）

●売主の同族者・友人などに安く貸してないか、貸していれば家賃増の可能性あり

●駐車場収入に注意（外部借り上げ駐車場収入を入れて、見せかけの収入を増やしているケースもあり）

●直近の入居者だけ高額の敷金を取られている（敷金詐取の可能性に注意）

●店舗で保証金が異様に高い（退去時にその金額を返さなければならないため、用意が必要）

●店舗、事務所系の想定賃料には注意（相場がわかりにくいので見せかけの賃料となっているケースがある）

●パブ、クラブが入っている物件は銀行融資のＮＧに注意（スナックなど女性が対面営業はＯＫの場合が多い。女性が隣に座って営業するお店が入っているとＮＧ）

●事務所・店舗割合は難易度が高いので、少なくとも２割以下が望ましい

Q ⑤値下げ交渉のやり方を教えてください

A いくつかの方法があります

■値下げの可能性を知る方法（家賃相場調べ、現地見に行ったあとで行なうと効果的）

- 物件の悪いところを指摘する（①駐車場が狭い、足りない、敷地外。②設備が古い。③エレベーターなし。④ペットを飼育している住人がいる）
- 修繕費用分を安くしてもらう（①外壁、屋上、階段を塗装する必要がある。②フェンスを直す必要がある。③室内をフルリフォームしないと貸せない。見積もりがあると説得力が上がる。現地調査で修繕補修箇所を見つけた場合も同様。都市ガス給湯器故障と、エレベーターなどの機械室内部機器の劣化は費用がかさむので、売主に調査させることが望ましい）

●銀行融資を根拠とする（①積算評価が低く収益性は合格の場合↓この物件は収益性はいいが土地建物の評価が低いため、ほかの人も含めて銀行からは融資は受けられないだろうということを伝える。②積算評価が高く収益性が低い場合↓この物件は土地も建物も広く積算評価が出るが、収益性の評価は同じ地域の物件と比べて低い。固都税評価も収益性の割に高いので、その分も割り引いた価格でないと買えないということを伝える）

●自分が買える金額を根拠にする（「融資内諾アリ、現金決済可能」という↓スピード重視の決済希望の場合が一番効果的）

●感情に訴える（買付とともに「物件を見てすごく愛情を注いで管理されているのがわかりました。自分も長期間保有し、きれいなまま大事にするつもりなので、ぜひお譲りください」と手紙を添える）

以上の方法がありますが、これらの理由のなかからひとつのやり方で攻めるより、複合的な理由で丁寧に指値を行ないましょう。また、指値の幅は仲介会社と相談しながら決めます。というのは、売主の心証を害する可能性があるためです。

■上級指値テクニック

●指値幅は最初に大きく！（指値幅は最初に大きく出るという技。１０００万円はダメだけれど５００万円の値引きはＯＫ。売主ゼロ回答は気が引けるケースあり。「ドア・イン・ザ・フェイス」のテクニック）

●仲介会社と交渉（物件価格が下がると仲介会社に入る手数料が下がるので、それを避けるため。「絶対に値段交渉は無理です」というケースもある。その場合、仲介手数料はそのままの金額で支払うか、下げてくれたらプラスアルファを支払うという交渉を仲介の不動産会社と行なう）

●指値の理由と同じくらい、その交渉のタイミングが大事（ある程度の割安物件なら、少し話が進んで自分に絞られた段階で交渉するのが効果的。売主からすると買主を絞って融資付けも問題なければ、多少値引きしても決済してしまいたいと考えることもある。ただこれは諸刃の剣で、心証を悪くし契約決裂の可能性もある）

●一番効果的なのは売れ残り物件への大幅な指値

ここまで指値のテクニックを紹介しましたが、割安な物件はそのまま指値をせずに購入しましょう。

「ぜひ買いたい！」という物件があったら、いろいろ質問する前に、まず買付を入れるのも手です。遠方に住んでいたり、修繕履歴が不明だったり、時間がかかりそうだったり、支出項目がわからなかったりする場合、出てくるまで待つのではなく、「買付証明書をまず送りますが、現地調査はあとになります。現地調査の際に大きな問題がなければこのまま進めますが、そうでなかった場合はもしかしたら買付金額を検討し直すかもしれません」と、正直に仲介会社に話します。

これで承諾してくれる場合が多いです。２割以上の値引きは難しくなりますが、指値の成功率を上げるより、数をたくさん打つことのほうが大事です。ただし、買付の金額を変えるのは、仲介会社に嫌がられるケースが多いです。

ここまでよければ、物件の近くにある賃貸仲介会社に、部屋を埋められそうか電話（第４章にヒアリングリストあり）して、問題がなければ買付を入れます。順番としては、①物件確保を優先→②買付を入れる前に、まだ物件の現地調査をしていないが、買付の証明書を受領してもらえるかを必ず聞きます。こうすることで、断られるケース可能性を減らすことができます。

■応用指値テクニック

●購入時の業者へ売却も依頼する（物件を購入する際、その業者に仲介を依頼するが、自分の売却時に仲介に入れる約束をする。そのため、転売しやすいように安い価格で売主に交渉してくれることもある。最終的には売主次第だが、仲介の不動産会社と何回か取引があれば、この交渉の成功率が高い）

Q ⑥女性ですが不動産投資はできますか？

A できます。むしろ女性が圧倒的に有利です！

コミュニケーション能力という観点からいえば、不動産投資は男性よりも女性のほうが向いていると感じます。基本的に女性はコミュニケーション能力が高いからです。これは私の経験値からいえることですが、コミュニケーション上手な人は、男女問わず、不動産の世界で大きく伸びます。また、大家さんはシャイでコミュニケーション下手な男性が多いので、コミュニケーション能力の高い女性の存在は歓迎されます。だからこそ、女性もどんどん参入すべきと思っています。

不動産の世界は男社会ですが、田舎になればなるほどその傾向が強まり、女性投資家というだけで目立つ存在になります。不動産業者から「あの人はがんばっているから、ちょっと物件を分けてあげようかな」、こう思ってもらえたらラッキーです。近所のクレーマーともうまく付き合い、物事を円滑に進める推進力は女性ならではと感じることが多くあります。

今は経済的に独立した女性も増えているので、男性に収入を依存せず、優良な不動産を探したほうが、素敵な人生をすごせることになるかもしれません。そして、もしあなたが独身女性であれば、ある意味、大家さんのコミュニティは最高の婚活の場にもなりえると感じています。

Q ⑦不動産会社とうまく付き合うコツは何ですか？

A 絶対に怒らないこと。上から目線はNG！

不動産投資では、不動産会社との良好な関係性が最重要事項です。購入するときや売却するとき（売買仲介会社）、物件の管理運営（管理会社、客付会社）をするときなど、あらゆるシーンで不動産会社との付き合いがあります。

その際に、どんな理不尽な目にあったとしても、不動産会社に対して不快感を表したり、クレームをいったりしてはいけません。例えば、家賃の誤送金があった、リフォームの手配ミスがあった、そんなときに感情に任せて怒るなどはもってのほかです。何かミスがあったときも、ミスを起こしたことを責めるのではなく、そのミスをどうリカバリーするかに注力します。

以前、管理会社が定期巡回を怠っていたのか、物件の共有部が荒れていたことがありました。明らかに管理会社の怠慢でしたが、「誰にでも過ちはあると思いますが、これはちょっと何とかしなくてはいけないですね。ご対応いただけますか?」とお願いしました。

ポイントは、会社のせいでも個人のせいでもないけれど……というニュアンスを見せて「怒らない人」という印象を与えることです。どれだけ不動産会社に貸しを作れるかを意識します。

「返報性の法則」という「人に何かをしてもらったら、その分、返したくなる」原理がありますが、とくに営業マンは義理人情を持っている人が多くいます。恩を受けたから返そうという気持ちを、無意識に刷り込ませるのです。結果として、恩返しをしてもらえることが増えるので、費用対効果は高いといえます。

大家さんのなかには、管理会社に対して仕事を与えている立場から上から目線で接するのが正しいと勘違いしている人も多くいます。しかし、不動産投資はコミュニケーションビジネスです。さまざまなステークホルダーと長期的に付き合っていかなければなりません。短絡的に考えたり、感情を露わにしたりして恐怖心で人を動かしても、メリットは何もないのです。

Q

⑧先輩大家さんからうまく教えを乞う方法はありますか？

A

聞き方が大事！　とくに懇親会は狙い目です

自分の見る目を養うために、不動産投資を学ぶことが大事です。よく本を読んでわかった気になっている人がいますが、本から得られることには限界があります。私はほとんど現場から学んでいます。

まずは知り合いの大家さんたちの現場を見て、「どれくらいで修理できるのか」「クロスは予算いくらなのか」、これをしっかり聞けばいいのです。

とはいえ、しつこいと嫌われてしまうので、聞き方が大事です。聞き方というのは、その人のキャラクターにもよりますが、「すみません、初心者なんでちょっと教えてもらいたいです」という感じで話しましょう。「いくらくらいで買ったんですか？」「どうやって修繕するのですか？」と少しずつ聞くのです。矢継ぎ早にあれこれ聞いたら「うるさい人だ……」と思われてしまうため、ちょこちょこと聞いていくのがポイントです。

それでも質問しにくいという人のために、とっておきのシチュエーションを教えます。ずばり「懇親会」です。お酒の席だからこそ、相手がついポロリとこぼす発言に価値があるのです。それは本にも載らないし、ブログにも書かれていない内容だったりします。

私自身、お酒の席でついポロッとキモの部分をいってしまうことがあります。「私は飲み会で有益なことを聞いたためしがない」という人がいますが、それはきちんと質問を用意していないからです。

事前に準備をして、どんな戦略で聞くのかをしっかり考えておけばいいのです。これができていない初心者が批判されるのです。自分で経験しないで、実践者からお得な情報ばかり聞き出そうとすると、情報を取るだけの「情報くれくれ君」で終わり、まわりの投資家仲間から嫌われてしまいます。

結局のところ、人と人との関係なので、大切なのは人間力です。何もないところでうまく聞くのは難しいので、だからこそお酒の力を借りるのです。

失礼にならないように「すごいですね」といいながら、隣の席を陣取るのが大事なポイントです。そこで自分が与えられるものを出すのです。そういうと、「自分には何もないです」という人がいますが、まずは先輩投資家の現場のお手伝いからはじめてみましょう。情報を無料でもらおうなどというのは、甘すぎる考えなのです。

Q

⑨不動産投資のメンターの探し方は？

A

物件の規模より相性が大事です

成功への最短距離は、「ＴＴＰ（徹底的にパクる）」といわれています。つまり、成功者をトレースしていくことです。そのためにも、まずは「メンターを見つける」ことが、あなたの投資をスムーズに進めることになります。たとえ、あなたの実力が１だとしても、メンターの力を借りれば10になるのです。

メンターとなるのは、不動産投資の成功者です。身近に成功投資家がいれば、その人でもいいですし、投資家コミュニティで探すのもいいでしょう。手っ取り早いのは、不動産投資コンサルタントに依頼することです。前述した通り、不動産は海千山千の世界であり、悪質な不動産投資コンサルタントも少なくありません。
優良なメンターを見分けるための質問は、次の４つです。

- 不動産投資を現役で行なっているか
- 不動産をどれくらい所有しているか
- これまで、どんな実績があるのか
- 生徒がどんな実績を上げたのか

これを聞いて怪訝な顔をするような人がいたら、注意が必要です。不動産の勉強をはじめると、だんだんこうした人を見分けられるようになっていきます。ほかに善し悪しを知る方法は、クチコミを聞くことです。大家さんの集まりなどで聞くと、だいたいの評判がわかることも多いです。

メンター選びで一番重要なのは、物件の規模ではありません。相性、話し方、感情のほうがよっぽど大事です。当然、最低限の実績はあって当然ですが、その数字が大きければいいとも限りません。

まだ１棟も所有していない人からすると、教えを乞う相手の資産規模が大きすぎるとイメージがつかず、話が合わないでしょう。それよりも、「不動産投資をはじめた当初の環境が自分に似ている」「話をしてみると友だちになれそうと感じた」などといった部分で判断してください。

そうして交流を重ねるうちに、「この手法なら自分もできそう」と思えるかどうかが一番のポイントです。初心者がよく陥りがちな失敗は、自分の属性と合わない投資手法、例えば「地方RC、重量鉄骨高利回り物件」で成功している投資家をメンターにするなどです。その投資家は本人が高属性だから、一般的には融資の付けにくい地方高利回りで融資を最大限に使えただけ……ということがあります。同じことを低属性の投資家が真似しても実現は不可能です。

これは高属性だからいい、低属性だから悪いということではなく、属性によって使える金融機関が変わり、金融機関によって融資の出る物件の条件が変わるため、再現できる投資手法が限られてくるからです。

Q

⑩不動産投資の仲間作りの方法は？

A

インターネットで検索して、興味があるコミュニティに参加してみよう

現在、不動産投資を学ぶための場や仲間作りの場はたくさんあります。不動産投資スクール、大家コミュニティ、大家塾の数は多く、どれが自分に合っているかわかりにくいので、まずは興味を持ったところからどんどん飛び込んでみるのがいいと思います。

そのときの注意点は、無料ほど高いものはないということです。有名投資家が無料でセミナーを行なっている場合は、バックに不動産販売業者が付いているケースも多いです。また、高額塾・高額コンサルを売るといったこともあります。そのため、むしろ会費がかかるようなセミナーのほうがいいでしょう。会費が5000円や1万円であれば、思い切って参加してみてください。

矛盾しているようですが、高額なセミナーや塾だからといって悪質だとは限りません。例えば100万円する不動産投資塾があったとして、そこに価値を感じられるかどうかは、受ける人のステージ次第です。そのステージの人が行けば満足できますが、そうでない人が行ったところで得るものがなく終わります。

学びにも段階があるのです。あなたのレベル、決意が整っていない状態で、高額な塾やセミナーに行ってもお金の無駄です。そこに参加すれば情報がもらえる、手取り足取り教えてもらえるという考えではダメなのです。

今は不動産投資の情報があふれています。書籍もたくさんありますし、スクールやコミュニティもいくつもあります。体系的に学べるようになっているスクールもいいですが、あとで物件情報を出して販売してくることもあるので十分精査する必要があります。私がおすすめするのは、現役の投資家だけで運営しているような投資家のコミュニティです。

いずれにしても、勉強はある程度のところでやめて、実践に移ってみてください。まずは物件を買って、自分も大家さんたちのいる環境に身を置くのが一番です。そして、自分に合った投資家コミュニティに参加し、そこで仲間を見つけて、ひたすら実践を繰り返していくのです。そのコミュニティで先輩に意見を求めてください。ボロクソにいわれたとしても、それも修行のひとつです。それに、一番の学びはそのような経験のなかにあったりするものです。

おわりに

不動産投資に対して不安を抱くみなさんに、本書を通じてお伝えしたかったのは、「思い切って不動産投資の世界に飛び込んできてください」ということです。

細かいノウハウもたくさん紹介しましたが、「習うより慣れろ！」が、この本を通してみなさんに一番お伝えしたかったことです。まずは安価で小規模な戸建てを購入して、それを運営しながら少しずつ実績を積んでいくのが一番成功に近いと思います。

書籍のよさは手軽にノウハウを学べることですが、知識や情報をいくらインプットしても、アウトプットしなくては意味がありません。「不動産を買う」となると気遅れしてしまいがちですが、本書で紹介してきたように、安いものであれば１００万円程度からあります。

現在、私は不動産投資家の実践コミュニティ「Zero One Club」（http://01kurabu.co.jp/）を運営しています。そこでは、私が購入した物件を基にして不動産投資を楽しく実務的に学べるように、購入段階からリアルタイムで検討するポイント、購入後のリフォーム方法、客付けの方法や担当の葛藤などを赤裸々にアップしています。「不動産投資をはじめたいけれど、大家さん同士の横のつながりがない」「気軽に相談できる人がいない」、このような悩みを抱えている新米投資家が非常に多いと感じています。そんなみなさんに楽しめる場を提供しています。

最近はオンラインスクールも流行っていますが、私が主宰するコミュニティには「座学がない」のが特徴です。いくら勉強しても、実際に投資をしていなければ意味がありません。ですから、買ってからスタートするというイメージが近いかと思います。とくに初心者は「買う勇気」がない人が多いので、実際にどんな方法でスタートすればいいのかを知ってもらうために、コミュニティ生の近所に私が物件を買い、ダイレクトに指南することにも取り組んでいます。

最初は私がお伝えする立場になりますが、再現性のある手法を実行しているコミュニティ生をクローズアップするなどして、お互いWin-Winの関係で切磋琢磨をし、あくまでも私は「不動産コンサルタント」ではなく、「不動産を購入していく不動産事業者」として、みなさんと同じ目線でかかわっていきたいとも考えています。それが成功への最短ルートだと感じます。

そもそも、今回の本を出版したり、このコミュニティを結成したりした理由は、不動産事業者同士、お互いが高められ、刺激し合える質の高い仲間を増やしたいことにありました。そんな仲間たちとさまざまな体験を通じ、一緒に汗を流すことで関係を深め、みんなが人生の質をも高められたらいいなという想いを込め、結成したものです。

興味がある方は、私のメルマガ『資金100万円からはじめる初心者でも年収1000万円の不動産投資法』(https://www.reservestock.jp/subscribe/89277)に登録してみてください。私の17年を超える大手総合不動産会社の社員として積み重ねた知識や経験値と、10年を超える不動産投資家として培ってきたノウハウ、実績、その両方をあますところなくお伝えしていきます。

なお、本書の出版を記念して本書を購入のうえ、メルマガに登録いただいた方に、次の特典をプレゼントしています。

特典① 買値の3倍の売却益を作り出す! 不動産購入~売却実践レポート
特典② 不動産購入リスクを限りなく減らす資産購入チェックリスト(その①)
特典③ 【公式】不動産で富と自由を手に入れるリアルエステート戦略7days プログラム

最後になりましたが、本書を出版するにあたり、ご協力いただいたみなさんにお礼を述べたいと思います。本を発行する必要性を教えてくれた川島和正さん、この道の先人である志村義明さん、出版に至る準備などを事細かに教えてくれた新山彰二さん、出版社の編集者と引き合わせてくれた水野俊哉さん、吉田伸さん、編集協力で力を貸してくれた布施ゆきさんに感謝します。それから私が率いる「Zero One Club」のみなさんや、小嶌大介さん率いる「VINTAGE CLUB 2018」のみなさんにも大変お世話になりました！

そして、本書を最後までお読みいただいた読者のみなさんにお礼をいいたいと思います。たくさんある不動産投資関連の書籍のあるなかで選んでいただき、本当にありがとうございました。

私自身、まだ目標に向かって道半ばであり、これから読者のみなさんと一緒に大きく成長していきたいと思っています。そして、仲間として、一緒に不動産投資の成功への道を進んでいければ、これほどうれしいことはありません。

平成30年5月

黒崎裕之

黒崎裕之（くろさき　ひろゆき）

現役不動産営業マン兼、低リスク・高利回りで不動産を運用する個人投資家。不動産投資コミュニティ「Zero One Club」主宰。石川県金沢市出身。家業が不動産を扱っていたが、過去に家族が不動産の取り扱いに失敗し１億円を超える相続税を課され、その支払いに大変苦労した。その経験から、同じ轍を踏むまいと上京後に不動産の世界に飛び込んだ大手総合不動産会社の現役社員。「買う人の気持ちがわかる営業マン」として数々の営業成績を残す。新築マンション販売時は常に全社10位以内の上位成績を誇り、半期での営業成績トップも複数回記録。個人投資家としては自己資金を使わずに不動産投資をはじめ、現在10棟50室、借入9000万円、平均利回り30％で運用中。ただ売るだけでなく、不動産を買う側の心理の理解にも努めるべく不動産投資を実践している。

100万円《まんえん》からできる

「地方《ちほう》・ボロボロ一戸建《いっこだ》て」超高利回《ちょうこうりまわ》り不動産投資法《ふどうさんとうしほう》

2018年６月１日　初版発行
2022年１月１日　第４刷発行

著　者　黒崎裕之
発行者　杉本淳一

発行所　株式会社日本実業出版社　東京都新宿区市谷本村町３−29 〒162-0845
編集部　☎03-3268-5651
営業部　☎03-3268-5161　振　替　00170-1-25349
https://www.njg.co.jp/

印刷／厚徳社　　製本／共栄社

この本の内容についてのお問合せは、書面かFAX（03-3268-0832）にてお願い致します。
落丁・乱丁本は、送料小社負担にて、お取り替え致します。

ISBN 978-4-534-05588-0　Printed in JAPAN

日本実業出版社の本

サラリーマンの僕がやっている

稼げる「新築アパート」実践投資法

「ここなら」と思える土地で経営できる、トラブルが少ない、融資を受けやすい、納得できる内装にできる、利回りを見込みやすい…などメリットの多い新築アパートの投資法を丁寧に解説。

丸川隆行
定価 本体 1500円（税別）

会社に勤めながら資産をつくる

「不動産投資」入門

サラリーマンをしながらアパート・マンション経営で5億の資産を築いた著者が、勤めながら資産をつくる不動産投資の基本ノウハウを丁寧かつ詳しく紹介。自身のブログで特に多い質問を中心にQ&A形式で解説！

志村義明
定価 本体 1500円（税別）

2000人の大家さんを救った司法書士が教える

賃貸トラブルを防ぐ・解決する安心ガイド

「物件管理」「入居者審査」「空室」「滞納」「人的トラブル」について、問題を解決する方法と損しないための予防策を31の事例とともに解説。現場で培った実践的なノウハウを大公開！

太田垣章子
定価 本体 1500円（税別）

定価変更の場合はご了承ください。